臺灣通史・唐山過海的故事

吳密察・編撰

中國歷代經典寶庫

38

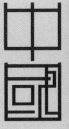

出版的話

時報文化出版的《中國歷代經典寶庫》已經陪大家走過三十多個年頭。無論是早期的紅底燙金精裝「典藏版」，還是50開大的「袖珍版」口袋書，或是25開的平裝「普及版」，都深得各層級讀者的喜愛，多年來不斷再版、複印、流傳。寶庫裡的典籍，也在時代的巨變洪流之中，擎著明燈，屹立不搖，引領莘莘學子走進經典殿堂。

這套經典寶庫能夠誕生，必須感謝許多幕後英雄。尤其是推手之一的高信疆先生，他秉持為中華文化傳承，為古代經典賦予新時代精神的使命，邀請五、六十位專家學者共同完成這套鉅作。二〇〇九年，高先生不幸辭世，今日重讀他的論述，仍讓人深深感受到他對中華文化的熱愛，以及他殷殷切切，不殫編務繁瑣而規劃的宏偉藍圖。他特別強調：

中國文化的基調，是傾向於人間的；是關心人生，參與人生，反映人生的。我們的聖賢才智，歷代著述，大多圍繞著一個主題：治亂興廢與世道人心。無論是春秋戰國的諸子哲學，漢魏各家的傳經事業，韓柳歐蘇的道德文章，程朱陸王的心性義理；無論是貴族屈原的憂患獨歎，樵夫惠能的頓悟眾生；無論是先民傳唱的詩歌、戲曲，村里講談的平話、小說……等等種種，隨時都洋溢著那樣強烈的平民性格、鄉土芬芳，以及它那無所不備的人倫大愛；一種對平凡事物的尊敬，對社會家國的情懷，對蒼生萬有的期待，激盪交融，相互輝耀，繽紛燦爛的造成了中國。平易近人、博大久遠的中國。

可是，生為這一個文化傳承者的現代中國人，對於這樣一個親民愛人、胸懷天下的文明，這樣一個塑造了我們、呵護了我們幾千年的文化母體，可有多少認識？多少理解？又有多少接觸的機會，把握的可能呢？

參與這套書的編撰者多達五、六十位專家學者，大家當年都是滿懷理想與抱負的有志之士，他們努力將經典活潑化、趣味化、生活化、平民化，為的就是讓更多的青年能夠了解繽紛燦爛的中國文化。過去三十多年的歲月裡，大多數的參與者都還在文化界或學術領域發光發熱，許多學者更是當今獨當一面的俊彥。

三十年後，《中國歷代經典寶庫》也進入數位化的時代。我們重新掃描原著，針對時代需求與讀者喜好進行大幅度修訂與編排。在張水金先生的協助之下，我們就原來的六十多冊書種，精挑出最具代表性的四十種，並增編《大學中庸》和《易經》，使寶庫的體系更加完整。這四十二種經典涵蓋經史子集，並以文學與經史兩大類別和朝代為經緯編綴而成，進一步貫穿我國歷史文化發展的脈絡。在出版順序上，首先推出文學類的典籍，依序有詩詞、奇幻、小說、傳奇、戲曲等。這類文學作品相對簡單，有趣易讀，適合做為一般讀者（特別是青少年）的入門書；接著推出四書五經、諸子百家、史書、佛學等等，引導讀者進入經典殿堂。

在體例上也力求統整，尤其針對詩詞類做全新的整編。古詩詞裡有許多古代用語，需用現代語言翻譯，我們特別將原詩詞和語譯排列成上下欄，便於迅速掌握全詩的意旨；並在生難字詞旁邊加上國語注音，讓讀者在朗讀中體會古詩詞之美。目前全世界風行華語學習，為了讓經典寶庫躍上國際舞台，我們更在國語注音下面加入漢語拼音，希望有華語處，就有經典寶庫的蹤影。

《中國歷代經典寶庫》從一個構想開始，已然開花、結果。在傳承的同時，我們也順應時代潮流做了修訂與創新，讓現代與傳統永遠相互輝映。

時報出版編輯部

【導讀】

了解臺灣的歷史

吳密察

當我們不假思索地背出世界三大河流的長度，對「臺灣三大河川」這樣的問題卻無言以對，當我們可以說出漢、唐世系，卻無法說出高、曾祖父的名字時，您是否驚覺到：原來我們對生息周遭的一切，竟然陌生得有如無知。

其實，我們傳統時代裡的知識份子，並不是這樣不了解生息周遭的事物的，大部分的傳統知識份子在熟讀經典、登科及第走入仕途之後，仍然是回到地方基層，從地方父母官的縣官幹起，每天所接觸的仍然是與地方人民息息相關的刑名錢糧。所以，我國很早便有「方志」體裁的史書，來作為地方官為政的參考。

「方志」是地方府縣官廳所編，記載該府、縣風土、民情、地理、歷史的百科全書。

如果說「正史」記載的是廟堂的經國大事，那麼「方志」記載的便是地方的市井小調。《臺灣通史》雖然不是官方所修的地方志書，在體例上也有僭越正史之嫌，但卻是承繼我國方志撰作精神，而因應時代將之發揮、改進的上好著作。

《臺灣通史》不但被推為了解臺灣歷史的必備入門作品，而且因為成書於異族日本的殖民統治時代，深抱家國之痛的作者連雅堂先生，字裡行間不時對先民篳路藍褸開荒拓土的精神，表示無限的敬意，還處處洋溢著對鄉土深切的關愛之情。

此次改寫，是打散連雅堂先生所採用的「紀傳體」撰寫方式，以連氏所提供的臺灣歷史的間架，重新建構出一部「臺灣史」。但願這樣的改寫，沒有減損這部名著的價值，而且對讀者試圖了解生活周遭事物有一些幫助。另外，在本書之後，附加短文一篇介紹連雅堂先生之生平、著作及《臺灣通史》之特色，但願能夠對閱讀有一些用處。

臺灣通史◆唐山過海的故事

目次

唐山過海的故事

一、中國古書中的臺灣

幽邈的海上仙山

臺灣原來並不是漢人生息的地方。漢人比較有規模地來到臺灣，是十六七世紀（明代）以後的事。在此之前，居住在臺灣島上的是不論在語言上、在生活習慣上，都與漢人有極大不同的馬來西亞系的民族。現在的高山族，可能就是他們的後代。

臺灣的原住民並沒有文字記載，因此關於臺灣原住民的歷史發展，便只能借助於考古學家的地下發現，和對高山族的民族學調查研究了。

雖然如此，在中國古書中，對於當時中國本土東方海上的情形，卻仍然有一些傳聞性質的記載。這些記載所描寫的對象，雖然不能很確定地認定究竟是指哪一個特定的地區，但仍然有人將它拿來試圖解釋為古時候中國人對臺灣的記載。

據說秦始皇時候，曾經派遣徐福率童男童女入海求蓬萊、方丈、瀛洲三座仙山。這件事流傳頗廣，至今仍有人言之鑿鑿，而且說徐福所率的童男童女，後來到了日本，在日本傳衍開來。

秦始皇派遣徐福往求的三座神山，根據古書的描寫是一個非常神妙的地方，島上不但居住著神仙而且有長生不死之藥，描述如下：「其物禽獸盡白，而黃金銀為宮闕。未至，望之如雲；及到，三神山反居水下；臨之，風輒（ㄓㄜˊ zhé）引去，終莫能至。」也就是說它真是個幽邈飄茫的世界。到底這麼神妙的三座神山，指的究竟是什麼地方呢？因為文獻不足徵證，因此也無法確認，但有人把蓬萊、方丈視為今天的日本、琉球，而把瀛洲視為今日的臺灣。這種主張其實完全沒有證據可言，不過此後「蓬萊」、「瀛洲」等名稱，一直被文人墨客用來形容臺灣，即使現在仍然還有人稱臺灣為「蓬萊仙島」呢！

中國古書中類似的記載，還有《列子．湯問》中的一段記載：「渤海之東，不知幾億萬里，有大壑焉，實維無底之谷，其下無底，名曰歸虛，其中有五山焉：一曰岱輿、二曰員嶠、三曰方壺、四曰瀛洲、五曰蓬萊。」

《列子》書中的這段文字，雖然明言在「渤海之東」，但仍然有人附會其中的「方壺」指的就是今天的澎湖，甚至各取「岱輿」、「員嶠」的首字，合成「岱員」，認為就是今天的臺灣。

《列子》書中本來就有不少神仙傳說，上舉這段記載其實也是個神話傳說。因為這段記載接著說，這五山之根無所連著，常隨潮波上下往還，不得片刻固定，天帝於是驅巨鰲十五「舉首而戴之」，五山才固定下來。

上舉的兩段文字，雖然不能證明所描寫的就是今天的臺灣，但如果將它視為是古代中國人對中國東方海面一般的浪漫印象，也饒是有趣。

東鯷、夷州、流求

古代中國人對東方海面的印象，經過現實經驗的附麗，到了《後漢書．東夷列傳》終於發展出另一個「東鯷（ㄊㄧˊ tí）」來。

《後漢書．東夷列傳》記載：

會稽海外有東鯷人，分為二十餘國，又有夷州、澶（ㄔㄢˊ chán）州。傳言秦始皇遣方士徐福將童男童女數千人，入海求蓬萊神仙，不得，徐福畏誅，遂止此州。會稽東冶縣人有入海行，遭風流移至澶州者。所在絕遠，不可往來。

這個記載，顯然是以新地理知識中的「東鯷」，來消納前此的徐福求仙傳說。這種在新發現的事物上消納舊有知識的現象，在以後也屢見不鮮。如果以這種記載直接地判斷「東鯷」就是現在的某地，當然是相當危險的，但仍然有人認為「東鯷」指的是今天的臺灣。

《三國志．吳志．孫權傳》黃龍二年條，記載：

春正月，遣將軍衞溫、諸葛直將甲士萬人，浮海求夷州及亶（ㄉㄢˇ dǎn）州。亶州在海中，長老傳言，秦始皇帝遣方士徐福將童男女數千人，入海求蓬萊神山及仙藥，止此州不還，世相承有數萬家。其上人民，時有至會稽貨布，會稽東縣人海行，亦有遭風流至亶州者；所在絕遠，卒不可得至；但得夷州數千人還。

這段文字，除了孫權派兵征討的事實之外，大致完全承繼《後漢書・東夷列傳》有關「東鯷」的記載，這裡又可以看到上述以新事實消納舊知識的現象。

不過，關於孫權派大軍征討的事，《三國志・吳志・陸遜傳》、〈全琮傳〉的記載卻有稍微的不同。在〈陸遜傳〉和〈全琮傳〉中記載出兵的目的地是夷州和珠崖。如此一來，學者便認為珠崖和亶州應該表示同一地方，由此便又可推定夷州的位置了。當然，夷州還是被不少學者認為是今天的臺灣。

學者用來推定夷州即臺灣的重要線索，是《太平御覽》卷七百八十所引《臨海水土志》有關夷州的一段記載。因為學者認為《臨海水土志》成書年代與三國時代相距大約只有百年，如果《臨海水土志》中的「夷州」是臺灣的話，那麼孫權所征討的「夷州」也就是臺灣了。《臨海水土志》的記載是這樣的：

> 夷州在海東南，去郡二千里。土地無雪霜，草木不死，四面是山，眾山夷所居，山頂有越王射的正白，乃是石也。此夷各號為王，分畫土地人民，各自別異。

> 人皆髡（ㄎㄨㄣ kūn）頭穿耳，女人不穿耳。作室居，種荊蕃鄣，土地饒沃，既生五穀，又多魚肉。舅姑子婦男女臥息，共一大牀，交會之時，各不相避。能作細布，亦作斑文布，刻畫其內，有文章以為飾好也。其地亦出銅鐵，唯用鹿觡矛以戰鬥耳。磨礪青石，以作矢鏃、刀斧、鐶貫、珠璫。飲食不潔，取生魚肉，雜貯大器中以滷之，歷日月乃啖食之，以為上餚。呼人民為彌麟，如有所召，取大空材十餘丈，以著中庭，又以大杵旁椿之，聞四五里如鼓。民人聞之，皆往馳赴會。飲食皆踞相對，鑿木作器，如豬槽狀，以魚腥肉臊安中，十十五五共食之。以粟為酒，木槽貯之，用大竹筒長七寸許飲之。歌似犬嗥（ㄏㄠˊ háo），以相娛樂。得人頭，砍去腦，駁其面肉，取犬毛染之，以作鬚眉髮，編貝齒以作口，出戰臨鬥時用之，如假面狀，此其夷王所服。戰得頭，著首還，中庭建一大材高十餘丈，以所得頭，差次挂之，歷年不下，彰示其功。又甲家有女，乙家有男，仍委父母往就之居，與作夫妻，同牢而食；女已嫁皆缺去前一齒。

這一段記載，是否就是指臺灣，至今仍然有所爭論，不過，其所描寫的屬中國東方海上某個島或某些島，當無疑問。這一段文字可以說是一篇相當詳細的民族誌報告，只是所描繪的主人翁是誰呢？

到了《隋書》又有關於「流求國」的記載。綜合《隋書．煬帝紀》和〈東夷列傳．流求國傳〉的記載，隋代曾經與「流求國」有三次交涉：第一次是在煬帝大業三年，羽騎尉朱寬和海師何蠻受命入海求訪異俗，到達「流求國」，「言不相通，掠一人而返」；第二次是在大業四年，「帝復令（朱）寬慰撫之，流求不從，寬取其布甲而還」；第三次則是大業六年的一次軍事大行動，由武賁郎將陳稜（ㄌㄥˊ léng）和朝請大夫張鎮州，「發東陽兵萬餘人，自義安汎海擊流求國」，結果是「破之，獻萬七千口，賜百官。」

關於陳稜所征討的「流求國」究竟在何處？因為《隋書．流求國傳》有陳稜行軍日程的描寫，所以有線索可尋。〈流求國傳〉所載的行軍日程是這樣的：

> 自義安（今廣東潮州）浮海擊之，至高華嶼，又東行二日，至鼊鼊（ㄅㄧˋ bì）嶼，又一日便至流求。

不少學者認為「高華嶼」就是今天澎湖群島中的「花嶼」，「鼊鼊嶼」則是今天的「奎壁嶼」。如果這種推斷正確，那麼陳稜行軍的目標便極可能是今天的臺灣。

至於《隋書・流求國傳》中關於「流求國」的描寫，是這樣的：

流求國，居海島之中，當建安郡東，水行五日而至。土多山洞。其王姓歡斯氏，名渴剌兜，不知其由來有國代數也。彼土人呼之為可老羊，妻曰多拔茶。所居曰波羅檀洞，塹柵三重，環以流水，樹棘為藩。王所居舍，其大一十六間，琱刻禽獸。多鬬（ㄉㄡˋ dòu，同「鬥」）鏤樹，似橘而葉密，條纖如髮，然下垂。國有四五帥，統諸洞，洞有小王。往往有村，村有鳥了帥，並以善戰者為之，自相樹立，理一村之事。男女皆以白紵繩纏髮，從項後盤繞至額。其男子用鳥羽為冠，裝以珠貝，飾以赤毛，形製不同。婦人以羅紋白布為帽，其形正方。織鬬鏤皮并雜色紵及雜毛以為衣，製裁不一。綴毛垂螺為飾，雜色相間，下垂小貝，其聲如珮。綴鐺施釧，懸珠於頸。織藤為笠，飾以毛羽。有刀、矟（ㄕㄨㄛˋ shuò）、弓、箭、鈹之屬。其處少鐵，刃皆薄小，多以骨角輔助之。編紵為甲，或用熊豹皮。王乘木獸，令左右輿之而行，導從不過數十人。小王乘机，鏤為獸形。國人好相攻擊，人皆驍健善走，難死而耐創。諸洞各為部隊，不相救助。兩陣相當，勇者三五人出前跳噪，交言相罵，因相擊射。如其不勝，一軍皆走，遣人致謝，即共和解。收取鬬死者，共聚而食之，仍以髑髏（ㄉㄨˊ ㄌㄡˊ dú lóu）將向王所。王則賜之以冠，使為隊帥。無賦斂，有事則均稅。用刑亦無常准，皆臨事科決。犯罪皆斷於鳥了帥；不伏，則上請於王，王令臣下共議定之。獄無枷鎖，唯用繩縛。決死刑以鐵錐，大如筯，長尺餘，鑽頂而殺之。輕罪用杖。俗無文字，望月虧盈以紀時節，候草藥枯以為年歲。

人深目長鼻，頗類於胡，亦有小慧。無君臣上下之節，拜伏之禮。父子同牀而寢。男子拔去髭鬢，身上有毛之處皆亦除去。婦人以墨黥手，為蟲蛇之文。嫁娶以酒肴珠貝為娉，或男女相悅，便相匹偶。婦人產乳，必食子衣，產後以火自炙，令汗出，五日便平復。以木槽中暴海水為鹽，木汁為酢，釀米麵為酒，其味甚薄。食皆用手。偶得異味，先進尊者。凡有宴會，執酒者必待呼名而後飲。上王酒者，亦呼王名。銜杯共飲，頗同突厥。歌呼蹋蹄，一人唱，眾皆和，音頗哀怨。扶女子上膊，搖手而舞。其死者氣將絕，舉至庭，親賓哭泣相弔。浴其屍，以布帛纏之，裹以葦草，親土而殯，上不起墳。子為父者，數月不食肉。南境風俗少異，人有死者，邑里共食之。

有熊羆豺狼，尤多豬雞，無牛羊驢馬。厥田良沃，先以火燒而引水灌之。持一插，以石為刃，長尺餘，闊數寸，而墾之。土宜稻、粱、床黍、麻、豆、赤豆、胡豆、

> 黑豆等，木有楓、栝、樟、松、梗、楠、杉、梓、竹、籐，果藥同於江表，風土氣候與嶺南相類。
>
> 俗事山海之神，祭以酒肴，鬬戰殺人，便將所殺人祭其神。或依茂樹起小屋，或懸髑髏於樹上，以箭射之，或累石繫幡以為神主。王之所居，壁下多聚髑髏以為佳。人間門戶上必安獸頭骨角。

〈流求國傳〉的這一段描寫，雖然有不少類似臺灣的情景，但也不無類似琉球之處。因此，雖經過近百年來不斷地有各國學者的爭論，但至今仍然不能得到一致的看法。其實，就《隋書》對於中國周邊地域的記載來看，〈流求國傳〉可以說是當時對中國東南海上知識的總集合，所記載的內容，固不必一定侷限於臺灣一島。因此，即使陳稜所征討的「流求國」是現在的臺灣，《隋書．流求國傳》所記載的也不必一定是臺灣的情形。

（＊）本節與次節係依晚近之學術研究成果綜合而成，與連氏原著有不少出入。

二、不連續的移民

澎湖的漢人世界

就漢人從大陸移來臺灣的路線來說，澎湖正好位在中途，幾乎是必經之地。因此，澎湖當較臺灣本島更早為漢人發現。

舊志中曾經記載，唐代中葉有汾水人施肩吾，雖高中進士，但無意仕途，而且率其族人遷居於「平湖」。相傳施肩吾曾有詠〈澎湖嶼〉的七絕一首：

腥臊海邊多鬼市，島夷居處無鄉里。
黑皮少年學採珠，手把生犀照鹹水。

這一首詩所描寫的到底是不是澎湖的景象，經過學者的討論，已加以否定。其實，自從《隋書》以後，要到南宋才又出現有關臺、澎的文字記載。這種現象或許顯示，一直要到南宋時代，臺、澎才明確地被中國本土的漢人所知道，甚至有一些人來到這個地域。

唐代中葉以後，中國本土的南北兩地，不但在政治上或是在經濟上都呈現相對的消長現象，北方在安史之亂後的殘破，使大唐帝國的命脈必須仰賴於江南的資助，而南方的發展更使北方的漢人不斷南下。五代十國時間，南方諸國的整飭、開發，更使以前蠻荒的華南地區，成為漢人生息的新領域。福建也在這種漢人南下的趨勢下，逐漸成為人多田少的地區。

北宋時候，就有人形容閩南的情況是：「水無涓滴不為用，山到崔嵬猶力耕」，於是一部分沿海居民，被迫進入海上，以海為田，或者打魚或者販海，另謀生活。北宋嘉祐年間謝履所作的〈泉南歌〉就曾經說：

泉州人稠山谷瘠，雖欲就耕無地闢。
州南有海浩無窮，每歲造舟通異域。

另外，自五代以來以泉州為中心的海外貿易，逐漸興盛起來。中間經過海上而來的聯繫，不斷頻繁起來，海上的知識大為擴大，航海技術也有長足的進步。這些都是東南沿海居民下海的有利條件。

澎湖就在閩南人紛紛下海求取生計的情況下，逐漸成為閩南漁人的漁場，到了後來還成為閩南漁人前來從事季節性捕魚的聚集地，以後甚至還有漁戶在此定居。到了南宋時候，周必大《文忠集．汪大猷神道碑》就有：「海中大洲，號澎湖，邦人就植粟、麥、麻。」的記載，顯然這時候已有漢人來到澎湖定居而且從事農業生產。

但是，在澎湖定居而且從事農業耕種的漢人，卻常常遭到「毗舍耶」人的騷擾。樓鑰《攻媿集．汪大猷行狀》就曾經記載：「〔平湖〕忽為島夷，號毗舍耶者奄至，盡刈（一、yì）所種。」當時的泉州知州汪大猷，「即其地建屋二百間，遣將分屯」，這可算是中國官方首次在澎湖配兵戍衛。但這僅是臨時性質，不久之後就無形廢置了。

雖然官方在澎湖設官戍衛，只是臨時的性質，但閩南沿海居民迫於生計，下海至澎湖附近海域從事捕魚，則不但未見減少而且增加迅速。元朝末年，曾經附搭海船遠遊南洋及印度洋諸國的汪大淵，在他的見聞錄《島夷誌略》中，就有一段對澎湖很生動詳細的描寫：

澎湖，島分三十有六，巨細相間，坡隴相望，乃有七澳居其間，各得其名。自泉州順風二晝夜可至。有草無木，土瘠不宜禾稻。泉人結茅為屋居之。氣候常暖，風俗朴野，人多眉壽。男女穿長布衫，繫以土布。煮海為鹽，釀秫為酒，採魚、蝦、螺、蛤以佐食。爇（ㄖㄨㄛˋ ruò）牛糞以爨（ㄘㄨㄢˋ cuàn），魚膏為油。地產胡麻、綠豆。山羊之孳生，數萬為群，家以烙毛刻角為記，晝夜不分，各遂其生育。

看來這個時候的澎湖，已是一個漢人世界。對福建沿海生活困苦的人來說，這個「土瘠不宜禾稻」的澎湖，可以說是求取生存的新天地，因此汪大淵說居民是「工商興販，以樂其利」。

在漢人已在澎湖形成新家園之後，中國官方也跟在後面於至元年間設立巡檢司，向居民課稅（「以週歲額辦鹽課中統錢鈔一十錠二十五兩，別無科差」）。

毗舍耶和瑠求

澎湖雖然在宋元時期，已是一個漢人的新世界，但與之一水相隔的臺灣，卻仍然是個原住民的樂園。不論《宋史．外國傳．流求國條》、或者是趙汝适（ㄍㄨㄚ guā）的《諸番志》，對於「流求」的記載，也只是將《隋書．流求國傳》中的「當建安郡東」改為「當泉州之東」或「在泉州之東」，至於內容則沒有太多的更異。顯然仍只是承襲舊有的記載，而對於位置加以更異而已。

但值得注意的是，不論《諸番志》、《文獻通考》或《宋史．流求國傳》在後面都附有「毗舍耶國」的記載，而且記載的內容大致相同，其中描寫得最詳細的是《諸番志》：

> 旁有毗舍耶、談馬顏等國。毗舍耶，語言不通，商販不及，袒裸盱睢（ㄒㄩ ㄙㄨㄟ xū suī），殆畜類也。泉有海島曰彭湖，隸晉江縣，與其國密邇，煙火相望，時至寇掠。其來不測，多罹生噉之害，居民苦之。淳熙間，國之酋豪，常率數百輩，猝至泉之水澳、圍頭等村，恣行凶暴。戕人無數，淫其婦女，已而殺之。喜鐵器及匙筯，人閉戶則免，但刓（ㄨㄢˊ wán）其門圈而去。擲以匙筯則俯拾之，可緩數步。官軍擒捕，見鐵騎則競刓其甲，駢首就戮而不知悔。臨敵用標鎗，繫繩十餘丈為操縱，蓋愛其鐵不忍棄也。不駕舟楫，惟以竹筏從事，可摺疊如屏風，急則群舁（ㄩˊ yú）之泅水而遁。

這裡所指的「毗舍耶人」顯然是前節所述侵擾澎湖漢人社會的「毗舍耶人」，但到底附在流求國記載之後的「毗舍耶」究竟是什麼地方呢？學者至今仍然沒有定論，有學者認為是菲律賓的Visaya族，有學者認為是臺灣西南部的某地，雖然不能有一致的看法，但對於「毗舍耶」人侵擾澎湖或泉州的出發地，則都認為是臺灣的某地。

至於元代的臺灣，在《元史‧外國列傳‧瑠求條》，則有不同於前此本之於《隋書》的記載：

瑠求，在南海之東，漳、泉、福、與四州界內。彭湖（即澎湖）諸島與瑠求相對，亦素不通。天氣清明時，望之隱約若煙霧；其遠不知幾千里也。西、南、北岸皆水，至彭湖漸低；近瑠求，則謂之落漈。漈者，水趨下而不回也。凡西岸海舟到彭湖以下，遇颶風發作，漂流落漈，回者百一。瑠求在外夷最小而險者也。漢唐以來，史所不載；近代諸蕃市舶，不聞至其國。

這個記載，明顯地指出雖然澎湖已是漢人世界，甚至如前節所述已由政府設官徵稅，但一水之隔的臺灣仍然「素不通」，同時這段記載也指出之所以不通的原因，在於澎湖東方「落漈」的阻隔。

同時，《元史》的這一段記載，也說明雖然當時東西洋航路已大開，但臺灣則尚在外洋航路之外。汪大淵根據自己親身見聞所寫成的《島夷誌略》也說：「海外諸國，蓋由此始。」

按中國的外洋航海事業，自唐代以後，受波斯、阿拉伯人商船來航的刺激，漸形發達，已經常往來於南洋及印度洋諸國，久之乃有「東洋」、「西洋」之稱呼。到了元朝時期，西洋指的是印度南部之極小範圍的地域，東洋則包括爪哇以及其北方的相當廣闊的地域。當時由中國東南沿海往航東、西洋有一定的路線，但似乎臺灣一直在航線的外側，因此《元史．瑠求傳》才說：「近代諸蕃市舶，不聞至其國。」

雖然當時東西市舶，不經過臺灣，但對海外經略不遺餘力的元朝，卻曾經兩次派人招討。

元世祖在兩度東征日本失利之後，於至元二十八（西元一二九一）年聽從海船副萬戶楊祥之議，擬以六千兵伐瑠求。不久，有位生長在福建的書生吳志斗熟悉海上情形，建議先從澎湖發船前往招諭，並考察水勢地利，然後再言興兵。世祖認為有理，改以楊祥為宣撫使，吳志斗與另一位名阮鑒者分別被授以禮部、兵部員外郎，攜帶世祖詔書，往諭瑠求。據說詔書內容是這樣的：

詔曰：收撫江南已七十年，海外諸蕃罔不臣屬；惟瑠求邇閩境，未曾歸附，議者請即加兵。朕惟祖宗立法，凡不庭之國，先遣使招諭，來則接堵如故；否則必致征討。今止其兵，命楊祥、阮鑒往諭，汝國果能慕義來朝，有爾國祀，保爾黎庶；若不效順，自恃險阻，舟師奄及，恐貽後悔，爾其慎之。

但是這一次招諭並沒有實質的結果。因為楊祥等人在至元二十九年三月二十九日出發，不及半日即見洋中正東「有山長而低者」，楊祥認為這就是瑠求，阮鑒、吳志斗則持異議，因而發生爭執，吳志斗失蹤。這件招諭工作只好「不竟其事」而終。

成宗大德元（西元一二九七）年，福建行省平章政事高興，上言：「今立省泉州，距瑠求為近，可伺其消息，或宜招宜伐，不必他調兵力，興請就近試之。於是在當年九月間，遣省都鎮撫張浩、新軍萬戶張進赴瑠求國，據《元史》的記載，這次行動「擒生口一百三十餘人而還」。

關於元代時候的臺灣，除了《元史》中兩次官方招討的記載之外，旅行家汪大淵《島夷誌略》的記載，可以說是元代時候對臺灣的新認識：

琉球，地勢盤穹，林木合抱，山曰翠麓，曰重曼，曰斧頭，曰大峙。其峙山極高峻，自彭湖望之甚近。余登此山，則觀海潮之消長；夜半則望暘谷之出，紅光燭天，山頂為俱明。

土潤田沃，宜稼穡。氣候漸暖。俗與彭湖差異。水無舟楫，以筏濟之。男子、婦人拳髮，以花布為衫。煮海水為鹽，釀蔗漿為酒。知番主酋長之尊，有父子骨肉之義。他國之人，倘有所犯，則生割其肉以啖之，取其頭懸木竿。地產沙金、黃豆、黍子、琉黃、黃蠟、鹿、豹、麂（ㄐㄧˇ jǐ）皮；貿易之貨，用土珠、瑪瑙、金珠、粗碗、處州磁器之屬。海外諸國，蓋由此始。

《島夷誌略》的這一段描寫，可以說是自從《隋書．流求國傳》以後，關於臺灣首次最值徵信的描寫。以後中國文獻關於臺灣的描寫，已脫離抄襲《隋書．流求國傳》的窠臼，而進入實地探採所得的階段了。

三、海盜與紅毛

冒險者的天地

就在中國東南沿海人民渡海來到澎湖建立漢人世界的同時，中國東南海面也出現了縱橫海上、搶掠沿海的海盜集團。

明太祖朱元璋統一中國之後，鑑於東南海面的風雲險惡，對海洋方面採取消極的退守政策。除了在「祖訓」上明訂不征之國之外，即使以朝貢為名義前來進行貿易的外國，也訂有貢期和各種限制，希望透過這些措施完全管制、監視各國的往來。

在明太祖這種政策的背景之下，原來已由東南沿海居民前來建立的澎湖漢人天地，也在洪武年間被迫放棄。明朝官方強制這些在澎湖的漢人，必須廢棄他們經歷數十年在澎湖辛苦經營出來的田園房舍，悉數回到閩南的漳、泉老家，於是原已十分繁榮的澎湖，頓時又因漢人的悉數撤出而荒蕪了。這就是澎湖史上有名的「墟澎」事件。

明朝政府墟澎的原意，本在防範海寇，但結果卻完全相反，由於墟澎的結果，反而使澎湖成為海盜的巢穴，東南沿海冒險輕生之輩，多來投靠。這些人和原有之中外海盜合流，一方面剽掠海上，一方面擾掠沿海地方，成為東南沿海的一大禍患。顧炎武的《天下郡國利病書》對這種情形描寫得很深入：

> 海者，閩人之田，海濱民眾，生理無路，兼以飢饉薦臻；窮人往往入海從盜，嘯聚亡命。海禁一嚴無所得食，則轉掠海濱；男女束手受刃，子女銀物，盡為所有。

因此，明朝政府只好在嘉靖四十二年再度於澎湖設置巡檢，但不久又廢。此後中國政府在澎湖雖然曾數度設置游兵防守，但撤廢無常，顯然中國政府不但沒有實力，也無意願長保澎湖為己有，畢竟海盜的勢力已是當時東南海上的最大勢力了。

在這些活躍於海上的海寇當中，先後有林道乾、林鳳、顏思齊、鄭芝龍等勢力較大的集團。

林道乾，潮州惠來人，原先在福建、廣東洋面剽掠，後來又在沿海城邑劫掠。嘉靖四十二年，受都督俞大猷之追討，遁入臺灣。但林道乾認為臺灣並無生息，非久居之地，不久即恣殺土著，取膏血造舟，從安平二鯤鯓遠遁占城。目前臺灣南部仍然流傳著林道乾的故事。例如說林道乾曾經在高雄打狗山埋有白銀。

林道乾之後，曾經流竄來臺的海盜勢力是林鳳。林鳳，廣東饒平人。林鳳的勢力也是東南海上流竄剽掠的武力集團，因受官軍的逼迫，率領大批船艦經澎湖、臺灣，逃竄至菲律賓、南洋一帶。

林道乾、林鳳集團，因屬剽掠為生的海盜集團，因此並未在臺灣多做定居性的經營。相較之下，往後的顏思齊、鄭芝龍等勢力，因在臺停留的時間較長，而無形中促成了不少人在臺灣從事經營、買賣，甚至定居了下來。

顏思齊，福建海澄人。雄健精武藝，少年時，受官家之辱，憤殺其僕，因此逃亡至日本為傭工。後來以經營中、日之間的買賣而發跡。為人有義氣，經常仗義疏財，結交不少好事輕生之徒，其中之一便是鄭芝龍。

顏思齊與一干弟兄，結拜為兄弟，大家公推顏思齊為首。這一批弟兄曾經想對日本官府起事，但事機不密遭日方緝捕，一干弟兄只好逃亡。其中有陳衷紀者，建議：

臺灣為海上荒島，勢控東南，地肥饒可霸，今當取其地；然後侵略四方，則扶餘之業可成也！

於是一行人，經過八日的航行，終於到達臺灣的北港地方。遂在此登陸築寨，鎮撫土著，分汎所部耕獵。不久之後，原在閩南的鄭芝龍諸兄弟，也先後來到臺灣，漳、泉地方的窮苦無業民人，也陸續來臺，據說多達三千餘人。

這一批以顏思齊為首的亡命客，遂以諸羅（今嘉義）、北港地區為中心，招集人馬，在諸羅一帶開發了起來。天啟五年，顏思齊病逝，鄭芝龍接掌這批勢力。

鄭芝龍接掌這批勢力之後，積極展開部署。天啟六年二月，整頓編制，立先鋒、左軍、右軍、衝鋒、後衛、游哨、監督、參謀等名號，使各軍之統御節制有序。三月，攻金門、廈門；四月，掠粵東。行軍所到之處，所向無敵。根據明朝方面的描寫：

凡我內地之虛實，了然於胸，加以歲月所招徠，金錢所誘餌。聚艇數百，聚徒數萬。城社之狐鼠，甘為爪牙；郡縣之胥役，盡屬腹心。

可見鄭芝龍的勢力，已不只是海上飄忽不定的海盜，即使在沿海的城邑，也擁有龐大的勢力。

天啟七年，芝龍再犯漳浦之舊鎮，進據廈門，威名震於南海。明朝只好採取招撫政策，承認鄭芝龍在東南沿海的勢力。從此以後，鄭芝龍一方面以明朝大員的身分，掃除東南洋面的其他海盜勢力，一方面與荷蘭人訂立通商條約，興販東西兩洋，壟斷海上貿易，東南海域為鄭芝龍私人的勢力範圍。當時他的威勢據說是：

群盜皆故盟或門下。就撫後，海船不得鄭氏令旗，不能往來；每船例入三千金，歲入千萬計，以此富敵國。自築城於安平鎮，艫舶直通臥內。所部兵，自給餉，不稟於官，鑱鑿剽銳，徒卒爭勤。凡賊遁入海者，繳付芝龍，取之如寄。

可見當時的鄭芝龍就如東南沿海的霸王，不但其他海上勢力遠非其匹，即使明朝都必須仰仗於他。

在鄭芝龍活躍於東南沿海的這一段時間裡，有不少閩南人到臺灣開墾。據說，崇禎年間，福建大旱，鄭芝龍曾經招飢民數萬人，每人給銀三兩，牛一匹，使這批人前來臺灣開墾①。

日本、荷蘭、西班牙

在顏思齊、鄭芝龍活躍於中國東南洋面的前後，西方的荷蘭、葡萄牙、西班牙勢力也來到了東方。荷蘭、西班牙更曾經進占臺灣。但在敘述荷蘭、西班牙人入據臺灣之前，必須先提另一個曾經有意窺視臺灣的日本。

日本足利幕府的末年，因本國國內連年爭戰，不少薩摩、肥前（今九州）的亡命者，駕著八幡船侵掠中國沿海。據說一部分人也曾經來到臺灣南部的打狗山附近屯住。後來日本的豐臣秀吉，在出兵伐朝鮮之後，也想併吞臺灣，曾於萬曆二十一年十一月間，命派往呂宋的使者原田孫七郎，經過臺灣時，「賜書」高山國，勸高山國入貢，這封國書的部分內容是：

如南蠻琉球者，年年獻土宜，海陸通舟車，而仰我德光。其國（按指高山國）未入幕中，不庭之罪彌天，雖然不知四方成享，則非其地疏志，故原田氏奉使命而發船，若是不來朝，可令諸將攻伐之……

這是日本政府對臺灣表示關心的開始。

萬曆三十二年，日本人山田長政赴暹邏（ㄒㄧㄢ ㄌㄨㄛˊ xiān luó）途中，也曾經在臺灣停留。萬曆三十七年，德川家康命有馬晴信派遣部下士卒，前來臺灣視察，撫順土著，並欲講究通商事宜。

萬曆四十三年，長崎代官村山等安，更授予高山國渡船用的朱印狀，希望臺灣前往日本貿易。甚至也有併取臺灣為附庸的計劃，但都不成。

日本官方的這一連串行動，並沒有得到任何效果。但從西方而來的勢力——葡萄牙、西班牙、荷蘭——卻在這段時間先後來到東方，在東方造成很大的影響。

明弘治十一（西元一四九八）年葡萄牙人達伽瑪（Vasco da Gama）發現經由好望角

可以來到東方的航路。從此以後，西方勢力經由這一條航路不斷東來。嘉靖三十六（西元一五五七）年葡萄牙人占領澳門，接著西班牙人於隆慶四（西元一五七〇）年占領馬尼剌，萬曆二十六（西元一五九八）年荷蘭人占領爪哇之班丹。所以，十六世紀的後半葉以後，中國南海方面，除了中國人、日本人之外，還有來自歐洲的西洋人勢力，這個地域成為國際的競技場。

其中，荷蘭人在葡萄牙人和西班牙人之後來到東方，又受到葡萄牙人和西班牙人之夾制。於是在萬曆三十（西元一六〇二）年設立「荷蘭聯合東印度公司」（Verecnigde Nederlandsche Oost Indische Compaguie），加強組織，希望以政府為後盾，打開東洋貿易之門。

萬曆二十九（西元一六〇一）年荷蘭提督韋麻郎（Vijbland Van Waerwijck）向明朝地方官要求與中國互市，被拒。後來企圖收買地方官以得到互市的許可，也受到阻礙。於是在萬曆三十七（西元一六〇九）年進據澎湖，希望以澎湖為落腳處，然後再謀求與中國通商的辦法。然而，儘管荷蘭一再央人向福建的中國官府請求通商，福建當局卻不為所動，反而更派遣都司沈有容率軍至澎湖，逼使荷蘭人退出澎湖。

天啟二（西元一六二二）年，荷蘭人再次要求允許互市，仍然被拒，於是荷蘭人在沿海大肆侵擾，並且再度進駐澎湖。此次荷蘭人打算在澎湖久居下來，於是在媽宮（今馬公）建築城堡，大修防禦工事，希望以澎湖作為其向中國貿易的根據地。

這一段時期，荷蘭人一方面聯合東南洋方面的勢力，進擾中國沿海，一方面透過各種方式疏通中國地方官，希望打開與中國互市的管道。

天啟三（西元一六二三）年，荷蘭提督雷爾生（Cornelis Reyersen）逕往中國進謁福建巡撫要求互市，正好這時候新任的福建巡撫南居益，有意以和平方式解決中荷之間的問題，但荷蘭方面卻誤以為有機可乘而擺出強硬態度，逼使南居益改採強硬態度，不但嚴禁國人赴澎湖與荷人進行交易或供應荷人物資，而且賦予副總兵管南路事俞咨皐（ㄍㄠ gāo）專征伐之責，準備對駐在澎湖的荷蘭人大舉用兵。

天啟四（西元一六二四）年，南居益先後數次動員大批軍力，對澎湖採取進逼包圍態勢。六月間，荷蘭新任總督宋克（Martinus Sonck）到任，因明朝進逼澎湖之情勢非常緊張，於是與明朝官方達成協議，荷蘭人答應退出澎湖，前往尚不為明朝承認為領土的臺灣，在今臺南安平一帶登陸，這就是荷蘭人進據臺灣之經過。

在荷蘭人進據臺南安平地區的二年後（天啟六年，西元一六二六年），在呂宋的西班牙人感到自己對華、對日的貿易，已逐漸遭到嚴重的威脅，必須更進一步在臺灣占領貿易據點，於是從菲律賓取道臺灣東海岸北上，占領基隆港外的社寮島（今和平島），在此建立城寨、炮臺。

於是，西方的兩個國家——荷蘭、西班牙——分別占領了臺灣南、北部的局部地區。

【註釋】

① 晚近有學者認為此一大規模移民的記載可能過分誇大。

四、臺灣的第一個準政權

荷蘭的治績

天啟四（西元一六二四）年，荷蘭人離開澎湖前來臺灣，直接進入現在臺南的安平一帶。首先，在一鯤鯓修築城堡，最初名為奧倫治（Orange）城，天啟七（西元一六二七）年更名為熱蘭遮（Zeelandia）城。這就是以後中國文獻所稱的紅毛城①，也就是現在所見的安平古堡的前身。荷蘭總督便駐紮於此。

當時一鯤鯓與臺灣本島之間，仍隔有一片海域，即中文文獻所稱的「臺江」。荷蘭人入據一鯤鯓的翌年（天啟五年，西元一六二五年），以十五匹康甘布（Cangan）向土著換取臺江對岸的赤嵌（Saccam，今臺南市中心區）。荷蘭人在此建築倉庫、宿舍，並逐漸發展出一個商業市街。荷蘭人並在此建築普洛文蒂亞（Provintia）城——即今赤嵌樓的前身——與熱蘭遮城隔臺江成犄角之勢。荷蘭在臺江的一切政經措施，就是從這兩個據點為中心發展開來的。

荷蘭人進入臺灣之後，臺灣第一次出現類似政府的行政組織。荷蘭人在東亞的活動，是由「荷蘭聯合東印度公司」所掌握，因此在臺灣的統治，也是由東印度公司所控制。

荷蘭聯合東印度公司在遠東的總支部設於爪哇的巴達維亞（今雅加達），臺灣是巴達維亞支部統轄下的一個據點。東印度公司在熱蘭遮城設有長官，負責推行在臺之商務、行政事宜。其歷任長官如下：

宋克（Marrten Sonck, 1624－1625）

得威士（Gerard Fredrikszoon de With, 1625－1627）

奴易茲（Pieter Nuyts, 1627－1629）

布督曼士（Hans Putmans, 1629－1636）

布爾古（Johan var der Burg, 1636—1640）

杜拉第紐斯（Paulus Traudenicus, 1641—1643）

麥勒（Maximilian le Maire, 1643—1644）

卡倫（Fransois Caron, 1644—1646）

歐巴德瓦達（Pieter Antonis Zoon Overtwater, 1646—1650）

巴布爾古（Nicolas Verburg, 1650—1653）

卡啞沙（Corneilis Caesar, 1653—1658）

揆一（Frederik Coyett, 1656—1662）

這些長官，一方面是荷蘭東印度公司在臺的商務代表，一方面也負責在臺灣的一切行政事務。

荷蘭在臺灣的地方行政事務，是委由東印度公司所屬的傳教士所負責的。所以當時在臺灣的傳教士，一方面是神職人員，一方面也是東印度公司的職員；這些牧師在各土著部落中，進行教化工作。西元一六二七年，傳教士甘廸第斯（Geagius Candidus）開始在新港社（大約在今臺南縣善化鎮）傳道，接著蕭壟社（在今臺南縣佳里鎮）、目加溜灣社

（今臺南縣新市鄉）、麻豆社（今臺南縣麻豆鎮）及大目降社（今臺南縣大內鄉）也先後接受荷蘭之教化。荷蘭傳教士用羅馬字拼成的土著語言編寫《聖經》和教材，使土著習得基督教大意和書寫、閱讀能力，大大地提高了土著的知識。經過三十年的努力，得到相當大的成果，據說教化較進步的地區，土著接受基督教教育的人達八成之多，而且其中有一半對教理有相當程度的了解。至於以羅馬字拼寫土著語言的辦法，到了清朝中期的道光年間還有土著使用，可見荷蘭教化之成功。

荷蘭的傳教士除了傳教和教化之外，也是荷蘭在臺灣施政的執行者。荷蘭人在各土著部落設置長老，長老為各土著部落的代表，同時也受荷人之命，支配其社中事務。每年集各社長老於赤嵌地方，召開評議會，大概北部各社開會的時間在每年的二月八日，南部各社的開會時間在每年的四月四日。在各地監督長老的，大都是傳教士所兼任的東印度公司商務員。

但荷蘭人布施教化和行使其行政權的地區，北部僅達今北港溪流域，再北之雞籠、淡水，甚至東部地區，雖曾派人致力經營，但並無明顯之成就。

北部地方早期有西班牙的經營。西元一六二六年西班牙人占據了今基隆的和平島，築聖薩爾瓦多城（St. Salvador）作為統治的中心。西元一六二九年，在淡水建築聖多明哥城（St. Domingo）。然後，西班牙的勢力一方面迂迴於北方海岸，安撫了馬鄰坑、金包里等土著部落；一方面溯淡水河而上，安撫了八里坌（ㄅㄣˋ bèn）、北投、里族（今臺北市松山）、大浪泵（今臺北市大龍峒。泵，音ㄅㄥˋ bèng）各社，一時之間也擴展頗速。但以後西班牙之守備軍力大量調往呂宋，荷蘭人遂於西元一六四一年，以優勢艦隊，一舉將西班牙勢力逐出臺灣，總計西班牙占領臺灣北部達十六年。

殖民地式的開發

荷蘭人占領臺灣的目的，原只想以臺灣作為對中、日貿易的轉口商站，對於發展臺灣本地的產業並不特別注重。但當荷蘭人進占臺灣之後，發現臺灣具有發展產業的潛在條件，於是也積極鼓勵臺灣的產業生產。

荷蘭在臺灣的生產除了供應東印度公司在臺人員的消費之外，全供作外銷。因此，荷據時期的臺灣其農、漁、牧之生產，完全是商品化的生產。

當時的臺灣輸出品，最重要的是鹿皮。當時臺灣的原野是個天然的鹿場，到處是成群結隊的鹿群。任何人向東印度公司繳納漁獵稅之後，即可獲得狩獵之許可證，在荷蘭勢力統轄區內捕鹿。鹿產的輸出包括：鹿角、鹿脯、鹿皮。當時鹿產的輸出量，據說曾經一年有輸出二十萬張鹿皮的記錄，可見其盛況之一斑。

另一種農產輸出品是砂糖。荷蘭人在臺大力鼓勵蔗田的開發，而將砂糖輸往日本和波斯。

荷蘭人為獎勵農業，大量招徠閩南漢人從事農墾，於是閩南漢人成群結隊來到臺灣。譬如：崇禎十年時，就有漢人蘇鳴崗率領大批大陸移民來到臺灣，投入荷蘭人獎勵的農業生產行列。

漢人所耕之田地，概為荷蘭東印度公司所有。大抵荷蘭人自土著手中獲得土地之後，即放予漢人耕種，名為「王田」，漢人有如荷蘭東印度公司之「佃農」。漢人在耕種過程中只提供勞力與技術，耕牛、農具、種籽都由荷人供應。收成後，漢人則按田地之等則，繳納租穀。黃叔璥的《臺海使槎錄》說：

> 蓋自紅夷至臺，就中土之遺民，令之耕田輸租，以受種十畝之田為一甲，分別上、中、下則徵粟，其陂塘修築之費、耕牛、農具、種籽，皆紅夷資給，故曰「王

田」。亦猶中土之人，受田耕種而納租於田主之義，非民自世其業，而按畝輸稅也。

由於荷蘭人必須提供耕牛讓漢人耕種，所以特別注重耕牛的來源，除了從海外輸入耕牛之外，也在臺灣就地圍捕野牛加以馴服，以便供耕種之用。《諸羅縣志・雜記外紀》所引的陳小厓（ㄧㄚˊ yá）〈外記〉就曾記載：

荷蘭時，南北二路設牛頭司，放牧生息，千百成群。犢大，設欄擒摯之。牡則俟其餒，乃漸飼以水草；稍訓狎，閹其外腎，令壯，以耕以輓，悖者縱之孳生。

可見荷蘭人對耕種所需的耕牛的取得，相當有計劃。

荷蘭除對田地、漁獵徵稅之外，對人丁也加以徵稅。西元一六四〇年，荷蘭東印度公司規定，凡是來臺之中國移民，年齡在七歲以上者，不論男女老幼，每月均必須繳納四分之一里爾（Real，西班牙貨幣）的人頭稅。

至於對土著部落的徵稅，則抽取貨物交易稅，採包稅制，稱為「贌社」。贌社者稱為

「社商」。社商承包土著部落的交易，而統籌向東印度公司繳稅。根據黃叔璥《番俗六考》所引的《諸羅雜識》的記載，社商贌社的情景，有如拍賣場的交易：

贌社之稅，在紅夷即有之。其法每年五月初二日，主計諸官集於公所，願贌眾商，亦至其地，將各社港餉銀之數，高呼於上，商人願認，則報告承應，不應者，則減其數而再呼，至有人承應而止，隨即取商人姓名及所認餉額，書之於冊，取具街市鋪戶保領。

當社商贌得該社之餉稅，即可於該年獨占該部落之番產交易。因此，有不少漢人來臺灣贌社。

荷蘭東印度公司這種由漢人承包某項專利的事例很多，舉凡漁獵特許狀、人頭稅等營收，都有交由中間者承攬的例子，所以「贌」至今仍然廣泛被使用著。

衝突與反抗

由於荷蘭入據臺灣，使荷蘭東印度公司在東亞的貿易有相當大的成長，也因而使荷蘭與其他地區的商業勢力造成競爭和摩擦，「濱田彌兵衛事件」就是荷蘭與日本的一場肇因於商業摩擦的事件。另外，荷蘭人在臺灣積極招徠閩南漢人從事農業開墾，也由於種種因素造成了漢人對荷蘭當局的不滿，「郭懷一事件」就是漢人與荷蘭當局衝突的例子。

荷蘭進據臺灣之後，便欲獨占臺灣之貿易，對於經過臺灣之交易往來，都課以十一之稅。雖然當時荷蘭在日本平戶從事買賣，享有日本之優惠待遇，不曾徵收稅捐。但荷蘭人在臺灣仍然對日本商人課徵商稅，甚至扣留日商之生絲抵稅，於是造成日人不滿。

天啟六（西元一六二六）年，日商平野藤次郎及長崎代官末次平藏之屬下濱田彌兵衛，向鄭芝龍訂購生絲，受到鄭芝龍刁難，轉而求助於荷蘭之臺灣長官威特（Gevald de Witt），被威特所拒而懷恨於心。

天啟七（西元一六二七）年，荷蘭之新臺灣長官奴易茲（Pieter Nuyts）有意化解兩方之敵意，於是親自赴日擬進謁德川幕府說明事情原委，並命卸任之威特前往鄭芝龍處取回濱田彌兵衛被扣之生絲，以表示友好，但奴易茲啟程赴日後，威特遲不赴福建搬運生絲，造成濱田彌兵衛不滿，於是誘同新港社土著理迦（Dijcka）等十六人及中國通事二人，潛行赴日，聲言「番族」貢使為貢獻臺灣土地而來，面謁德川將軍，控訴荷人在臺之虐政。於是專程赴日謀求和解雙方敵意的奴易茲，遂不獲德川將軍接見，只好憤然歸臺，雙方之裂痕於是加深。

崇禎元（西元一六二八）年，濱田彌兵衛帶領二船來臺，因隨船人員多達四百七十餘人，而且新港社土著亦隨船返臺，引起荷人之猜忌，於是大搜其船，果然發現大批武器彈藥，結果荷人以叛國罪名拘捕新港社土著十一人及中國通事二人入獄。濱田被留置於臺灣，既無法赴福建運回其生絲，又不獲准離境返日。濱田於五月二十八日（西曆六月二十九日），率所從十數人至熱蘭遮城，佯言將謁長官，而將奴易茲劫持於長官廳舍之中。相持五日之後，濱田與奴易茲訂立協約五款：

一、荷方以包括奴易茲之子的人質五人乘坐日船，日方以包括濱田之子的人質五人，乘坐荷船；與濱田同時回航日本，俟抵日後交換人質。

二、立即釋放被執之十一名土著及二名中國通事。

三、荷方發還所沒收之日本賜給新港社土著之禮品。
四、為保證日人之安全，在啟帆赴日之前，荷人須將進港船舵皆收起上岸。
五、濱田在福建所訂之生絲，荷人須負賠償之責；前荷人長官宋克所沒收之日人生絲，亦須全數發還。

但當荷蘭人質抵日本之後，日方竟一反前約，不但執其人質與船員並囚之，而且封閉荷蘭在平戶之商館及船舶。荷方雖革奴易茲之職，並遣使赴日斡旋，有意委曲求全，再開通市，但日方態度強硬，事遂懸而未決。

崇禎五（西元一六三二）年，荷人以奴易茲為質，再度遣使赴日要求再開互市，終獲日人允許。崇禎九（西元一六三六）年，荷人以青銅燭臺向日方謝罪，才將奴易茲救出日本。日荷間這長達十二年之久的糾葛，就是所謂的「濱田彌兵衛事件」。

荷蘭據臺中期以後，因為積極從事臺灣產業之開發，而招徠大量漢人，使臺灣之漢人人口大增。但來臺之漢人均有如荷蘭東印度公司之奴工，不但不能在未經荷人之特別許可下與土著交易，即使已開墾之土地，亦不能永久占有，必須聽荷蘭當局的調遣。例如：崇禎十三（西元一六四三）年，荷蘭當局便迫令漢人放棄在新港、大目降、蕭壠、麻豆五社之墾地，轉徙他地從事開墾。而且荷人處處以特許狀、重稅，盤剝各項生產所得。另外，宗教上的違和感也造成漢荷之間的矛盾。因此，暗中潛伏著動亂的因素。

郭懷一，相傳是鄭芝龍的舊部，鄭芝龍降明內渡之後，郭懷一仍留臺灣，力耕於赤嵌近邊，於漢人社會中頗有資望。永曆六年八月五日（西曆一六五二年九月七日），他暗中集結眾人慷慨陳辭地說：「臺灣以前是個蠻荒之地，就是我們胼手胝足、披荊斬棘，才開創出來的天地。如今紅毛喧賓奪主地據為己有，暴斂誅求，我們這樣被紅毛所迫，只有走上死路了。我們與其束手待斃，不如奮起一戰，如果勝了，臺灣就是我們自己的，不勝的話，也只是一死，但願大家一起來吧！」於是眾人決定在中秋節起事。

但郭懷一的弟弟及赤嵌附近的另一位漢人領袖，因恐事變引起大禍，反而向荷蘭當局告密。郭懷一發現事機走漏，只好臨時改變計劃，於隔天（九月八日）凌晨倉猝起事。

凌晨，郭懷一率領四五十名手下突襲普羅民遮城的外圍堡壘，一舉成功，然後與其他的一萬六千人會師，分四路合圍普羅民遮城，勢如破竹。當時守城的荷蘭武力只有二三百人，在倉皇應戰中，完全無法發揮作用，結果九月八日晨，郭懷一所率領的漢人便已占領了普羅民遮城。

至此，荷蘭長官才發現事況嚴重，火速命熱蘭遮城之精銳部隊渡過臺江來攻，並且動員新港、麻豆、目加溜灣、蕭壠四社土著來援，懷一受此反擊，不支戰死，副將吳化龍也陣亡。部眾只好退走，最後在漚汪②被破。這次漢人的揭竿反荷，歷時半個月，郭懷一部下被殺者約四千人，另外被株連所殺的漢人也有一千數百人。這次事件，不但暴露了荷蘭統治上的重大弱點，也使以後一段時期內的漢人移民量大量減少，直到鄭成功來臺後，才有大規模來自閩南的漢族移民。

【註釋】

①紅毛城：所謂「紅毛城」，其實是國人對洋人所建城堡之通稱。例如今日淡水仍有「紅毛城」，屬於古蹟園區，平日開放供人參觀。

②漚汪：有謂在二層行溪之南，有謂在今臺南縣之將軍鄉。

五、英雄的事業

孤臣孽子的國仇家恨

在整部臺灣史當中，最廣為人知的人物，應該是鄭成功。鄭成功是臺灣史上被神格化最徹底的英雄。臺灣各地至今還流傳著有關鄭成功的各種附會的傳說。其實，鄭成功在臺灣歷史上的地位，也是無法為他人所取代的。

鄭成功是鄭芝龍與日本女子田川氏所生的孩子，天啟四（西元一六二四）年生於日本平戶的千里濱。這也正是鄭芝龍與顏思齊入臺的一年，此後鄭芝龍不斷地發展他在中國東南海面上的勢力，鄭成功則與母親田川氏在日本渡過他的童年生涯。

崇禎元（西元一六二八）年，鄭芝龍接受明朝的招撫，成為明朝政府不能不接納的勢力。崇禎四（西元一六三一）年，鄭芝龍才將鄭成功接回中國，這時候的鄭成功已經七歲了。鄭成功十五歲時，考取南安縣的廩生。二十歲時，入南京太學，拜大儒錢謙益為師，但為時極短。

這個時期正好是清朝入關，明朝瀕臨滅亡的時期。明崇禎皇帝於崇禎十七（西元一六四四）年殉國。宗室福王即位於南京，是為弘光帝。

在清軍一路南下，北方連連失陷的情況下，福王勢必借助鄭芝龍在東南方面的勢力，於是封鄭芝龍為南安伯，鄭鴻逵為靖西伯，鄭家的勢力可以說是福王賴以苟活的主力。但福王的南京政權只維持了一年。翌年（西元一六四五）清軍攻陷南京，福王遇害，鄭芝龍、鄭鴻逵、黃道周等人再度擁立唐王於福州，是為隆武帝。唐王在福建的政權，更是完全建立在鄭芝龍家族的基礎上，鄭芝龍實際掌握了一切軍政大權。也就在鄭家與唐王這種關係的機緣下，鄭成功與唐王之間有一段頗為人傳頌的逸聞：

唐王見鄭成功一表人才，非常鍾愛，曾經對他說：「可惜我沒有一個女兒可匹配給你！希望你能盡忠我家，不要相忘！」於是賜姓「朱」，改名「成功」（鄭成功原名森），封御營中軍都督，賜尚方寶劍，如同駙馬。

這就是鄭成功被中外稱為「國姓」的原由。

隆武二（西元一六四六）年六月，清軍南下攻占兩浙、江西，福建已處於被包圍的形勢之下。這時候的鄭芝龍審時度勢，頓萌放棄抵擋清軍之意，加上清朝將軍博洛的招降，鄭芝龍更是意志動搖了。

博洛向鄭芝龍招降的信上說：

我之所以看重將軍，是因為您能擁立唐王。人臣之事主，若有可為當然必須竭盡其力；如果力不勝天，則改投明主而事，趁時建立不世之功，這才是識時務之豪傑啊！

博洛不但以時勢相逼，而且還以高官相誘，宣言已備妥「閩粵提督印」等著鄭芝龍去接收。鄭芝龍得到此消息，非常高興，招來成功商量，成功力諫說：「自古以來，只聽說父親教子要能盡忠，而沒有聽說父教子以逆亂。何況清廷豈是可以信任的？」但這時候鄭芝龍哪能聽得下兒子的這種勸告，終於還是投降了清朝，投降清朝之後的鄭芝龍，並沒有得到先前博洛對他的一切承諾，反而被送往北京成為階下囚了。

鄭芝龍降清之後，清朝大軍便很輕易地進了安海城，鄭成功的母親田川氏也在這一役中，自殺殉節了。據說，鄭成功在知道他母親殉節的消息後，演出了一幕極其戲劇性的焚儒服事件：

> 鄭成功攜帶往日所穿的儒巾儒服到了孔廟，跪拜在孔夫子的神位前，悲憤地痛哭說：「我昔日是個讀書人，今天是個無君無父的孤臣，這兩種身分的取捨，各有所用。現在我要謝絕儒服，不再做個文弱的讀書人，希望您能鑒諒我的決心！」

然後，帶著陳輝、張進、施琅、陳霸、施顯、洪旭等一班人遠走南澳，名號是「忠孝伯招討大將軍罪臣國姓」，這時的他年僅二十三歲。

鄭芝龍降清後，鄭家的勢力有分裂之勢，一時之間鄭成功無法予以統合。在鄭成功最初帶領軍隊之時，鄭彩、鄭聯分駐金門、廈門；稍北的南日、海壇及浙江的舟山群島，則是張振名的勢力範圍；南方的銅山、南澳一帶，則有朱壽、陳豹等勢力。所以，鄭成功提兵的早期，僅能暫居廈門海外的鼓浪嶼山島。

這一年十二月，桂王在廣東肇慶即位，改元永曆，是為永曆帝。鄭成功遙奉永曆年號，永曆元（西元一六四七）年，鄭成功攻擊海澄，並與伯父鄭鴻逵合攻泉州，但這些陸上的據點雖然曾經被鄭成功所攻占，卻都不能堅守，不久又失陷，所以在永曆二、三年之間，鄭成功的勢力仍然沒有能夠在陸上找到根據地。直到永曆四（西元一六五〇）年，由於鄭彩率軍北上，金、廈兩島空虛，於是鄭成功利用中秋時節奪取了廈門、金門兩島，接管了鄭彩、鄭聯原有的部隊，一時勢力大增，因此有了比較長久的根據地。

此後，鄭成功以金、廈為根據地，頻頻向閩粵沿海發動攻擊，頗有一番斬獲，永曆五（西元一六五一）年清將馬得功乘成功南下用兵之際，襲擊廈門，廈門損失慘重，不久成功麾下之大將施琅又降清，給成功相當大的打擊，這也埋下此後鄭氏退守臺灣，而終被施琅所滅的遠因。

在不斷征戰之中，永曆八（西元一六五四）年，成功伐漳州，漳州鎮標劉國軒開城門降，成功乘勢經略泉州屬邑，一時聲勢浩大，於是整理隊伍，將部隊分為七十二鎮，改中左所（廈門）為思明州，以鄧會為知州。並且設六官，分理國事，以舉人潘賡昌為吏官兼戶官，舉人陳寶鑰為禮官，張光啟為兵官，程應璠為刑官，舉人馮澄世為工官。設印局、軍器局，頗有小朝廷的規模。成功還招納避難縉紳，立「儲賢館」、「儲材館」、「察言司」、「賓客司」。奉監國魯王、瀘淡王、寧靖王居金門，凡是明朝宗室，均加以贍養，於是各地遺老都來歸附，著名的有王忠孝、盧若騰、沈佺期、辜朝荐、徐孚遠、紀許國等人。

海外的生聚據點

鄭成功最大規模的一次軍事行動，要算是永曆十二（西元一六五八）年的北伐之役了。此年七月間，成功以黃廷為前提督，洪旭為兵官，鄭泰為戶官，留守兩島。自己親率甲士十七萬、習流五萬、習馬五千、鐵人（成功所訓練的身披鐵甲的前鋒隊）八千、號八十萬、戈船八千，揚帆北上，首先克浙江的樂清等縣。

永曆十三（西元一六五九）年入長江而上，占領譚家洲，破清軍的「滾江龍」，光復瓜州。成功乘勝利之餘威，再進鎮江，在激戰三晝夜後也攻克了鎮江。在連下瓜州、鎮江之後，揮軍進圍南京。雖然南京城破在即，但成功在連勝之後，不免恃勝而驕。部將雖主張應利用軍心固結之際，儘速發動總攻擊，但成功卻中了清將郎廷佐的緩兵之計，結果使清兵能夠從外地調來援軍，終於被清兵三路夾攻，死傷慘重。南京城內之清兵又於此時傾城而出大舉反攻，駐紮城外的鄭軍，遭到各個擊破，而全面潰敗。在這一役中，成功的部隊損失殆半，甘輝、潘庚鍾、萬禮、張英、林勝、藍衍、陳魁等猛將亦全部折損，只好退回廈門。

永曆十四（西元一六六〇）年五月，清將達素、總督李率泰分率水師自漳州、同安來攻金、廈兩島，企圖一舉消滅成功，但被成功擊退，達素自殺於福州。

達素會同李率泰的來攻雖然被擊退了，但金、廈兩島畢竟是彈丸之地，在北伐大量損兵折將的情況下，清朝隨時都會有再次的軍事圍剿行動，在此北伐重創之後，實需另覓一不直接受敵威脅的生聚之地，以徐謀再起。

永曆十五（西元一六六一）年，在金、廈兩島甫經過清軍圍剿之後，地蹙軍孤時，正好有臺灣的荷蘭通事何斌，避債來到廈門，何斌不但極力向鄭成功述說臺灣為沃野千里的天府之國，而且還獻上臺灣的地圖。鄭成功大為心動，於是召集部下計議，展開了一場關係臺灣命運的「軍事會議」：

吳豪：「臺灣雖然沃野千里，但目前為紅毛所踞，不但水路險惡，而且紅毛炮臺堅利。即使有奇謀，也無啥用處，不如不取。」

成功：「這是俗見，不能用於如此的非常時期。」

黃廷：「如果真如吳豪所說，那就是以兵與之為敵了，還是不取得好！」

成功：「這也是俗見！」

馬信：「藩主（指鄭成功）所憂慮的是金、廈各島難以久拒清人。如想要枝葉茁壯，必須先鞏固其根本，才是萬全之計。今趁將士閒暇，不如先率一旅到該處看看，可取則取，否則再作打算，也還不晚。」

在大家都裹足不前的時候，只有楊朝棟一人，獨排眾議，極力支持鄭成功的征臺主張。於是，鄭成功開始部署征臺的陣容。

首先，鄭成功命令鄭泰把守金門；洪旭、黃廷等人輔助鄭經駐守廈門；洪天佑等人駐守南日、圍頭一帶。永曆十五（西元一六六一）年三月，以何斌為嚮導，率領四百多艘的戰艦，官兵二萬五千人，從料羅灣出發，於三月二十四日抵達澎湖，命陳廣、楊祖、林福、張在留守澎湖，大軍於二十七日再向臺灣進發。

到了臺南外海，鄭成功焚香禱告：

本藩矢志恢復，念切中興。曩者出師北討，未奏膚功，故率我將士冒波濤，欲闢不服之地，暫寄軍旅，養晦待時，非敢貪戀海外苟延安樂也。唯天唯祖宗之靈其克相余至鹿耳門，則水驟漲丈餘，大小戰艦，啣尾而渡，縱橫畢入。

鄭成功終於在潮水高漲之下，通過鹿耳門，進入臺江，而進圍普羅民遮城，不久便攻占毫無戰備的普羅民遮城。荷人退守熱蘭遮城，並派人至爪哇求援。鄭成功的大軍在攻占內地的普羅民遮城後，才掉轉頭來攻擊在海上的熱蘭遮城，但荷人堅守，一時無法攻下，四月二十六日鄭成功致書荷蘭守將，懇切曉諭：

執事率數百之眾，困守城中，何足以抗我軍。而余尤怪執事之不智也。夫天下之人，固不樂歸於非命，余之數告執事者，蓋為貴國人民之性命，不忍陷之瘡痍爾，今再命使者，前往致意，願執事熟思之。執事若知不敵，獻城降，則余當以誠意相待，否則我軍攻城，而執事始揭白旗，則余亦止戰，以待後命，我軍入城之時，余嚴飭將士秋毫無犯，一聽貴國人民之去，若有願留者，余亦保護之，與華人同。夫戰敗而和，古有明訓，臨事不斷，智者所譏。貴國人民遠渡重洋，經營臺島，至勢不得已而謀自衛之道，因余之所壯也。然臺灣者，中國之土地也，久為貴國所踞，今余既來索，則地當歸我，珍瑤不急之物，悉聽而歸。若執事不聽，可揭紅旗請戰，余亦立馬以觀，毋游移而不決也。生死之權，在余掌中，見機而作，不俟終日，唯執事圖之。

這真是一封情辭並茂的勸降書，但荷蘭仍然表示抵抗，於是鄭成功一直對熱蘭遮城進行圍攻態勢，這期間，雖然荷蘭自爪哇調來援軍，但最後還是在十二月十三日與鄭成功訂立和約，撤出臺灣。

和約的主要內容是：

一、雙方消除從前各方敵意。

二、荷蘭將熱蘭遮城及其所有堡壘、大炮、軍備品、貨物、貨幣，並其他一切公司物件移交鄭方。

三、米穀、麵包等食物，以及其他荷蘭返回巴達維亞途中所需物件，得由太守及參議會之指示攜上公司船舶。

四、一切私人動產，無論其置於城內或各處者，經鄭方檢查後，仍得由其攜帶上船。

五、除前二條所述物件外，參議員二十八名，每人可攜帶荷幣二千盾，其他高級市民二十人，得攜帶荷幣一千盾。

六、經檢查後，荷蘭軍隊得全身武裝，在太守指揮下，揚旗鳴鼓，列隊上船。

七、所有荷蘭人在臺有債務及有租地者的名冊，以及對彼等得要求的項目，應由荷方將帳籍抄錄，移交鄭方處理。

八、所有官廳文書得任由荷方攜往巴達維亞。

九、荷方所屬被俘軍民，由鄭方釋回，其他在臺未被拘禁的荷人，亦許其安然乘搭公司船舶。

一〇、鄭方允許發還其所奪獲四隻荷船，及其所有一切附屬品。

一一、鄭方同意充分供應小船，俾荷蘭人民財物得迅速運至公司船舶。

一二、荷人滯留期間每日所需蔬菜、肉類等必需品，鄭方答應以相當代價充分供應。

一三、荷人滯留期間，鄭方士兵或人民，非為雙方連繫者，不得任意進入城寨及外堡，或近鄭氏所建立之欄柵。
一四、荷人撤退以前，不得懸掛白旗以外的任何旗幟。
一五、看守倉庫的荷方人員，仍得於其官民及財物上船後，留駐二三日於城內，然後上船。
一六、本約依照其本國慣例，一經雙方簽名立誓後，雙方各派重要官員二名互相為質，直至本約所定各項完全履行為止。
一七、現在監禁於城堡或船上的華籍俘虜，應與鄭軍所拘禁的荷籍俘虜互相交換。
一八、本條約如有疑義及重要事項遺漏，則由雙方臨時協議，務期圓滿解決。
這次戰役，前後歷時九個月之久。從此，臺灣成為漢人主宰的新天地，源源不斷來自大陸東南沿海的移民，成為推動臺灣開發的主要動力。

壯志未酬遺恨人間

鄭成功背負了國仇家恨，在清朝逼迫之下，又不能不暫時退居臺灣，等待生聚教訓之後，徐圖再舉。《從征實錄》記載，他退居來臺之前的一段談話：

臺灣……田園萬頃，沃野千里，餉稅數十萬……近為紅夷占據，城中夷夥，不上千人，攻之垂手可得者。我欲平克臺灣，以為根本之地，安頓將領家眷，然後東征西討，無內顧之憂，並可生聚教訓也。

但是，鄭成功來到臺灣之後，並沒有充裕的時間讓他從事長遠的規劃。他首先改臺灣為東都，改熱蘭遮城為安平鎮，改普羅民遮城為承天府，將臺灣南部已開發的地域區分為兩縣：北路（承天府之北）為天興縣、南部（承天府之南）為萬年縣，並在澎湖設安撫司。任命楊朝棟為承天府尹，祝敬為天興縣知縣，莊之列為萬年縣知縣，並以周全斌總督南北兩路軍務。這是鄭成功來臺之初的規置。

鄭成功初入臺灣，最迫切的問題是安輯原在臺灣的土著、漢人和覓取軍食。於是鄭成功在部署好東寧的政務之後，馬上親率部從巡視臺南周邊的新港、目加溜、蕭壟、麻豆各社，安撫土著。

接著，鄭成功必須解決龐大的軍食問題。他在東都大會諸將說：

為治之道，在於足食，足食之後，乃可足兵。今賴皇天之靈，諸將之力，克有茲士，豈敢為宴安之計。然而食之者眾，作之者寡，倘一旦匱餉，師不宿飽，則難以固邦家。今臺灣土厚泉甘，膏壤未闢，當用寓兵於農之法，庶可以足食，而後足兵，然後觀時而動，以謀光復也。

至是「寓兵於農」的實際辦法，則是：

行屯田之法，僅留勇衛、侍衛二旅以守安平、承天。餘鎮各按分地，分越南北開墾。使野無曠土，而軍有餘糧。三年之後，乃定賦稅。農隙之時，訓以武事，俾無廢弛。有事則執戈以戰，無事則負耒而耕。

於是，五軍、果毅各鎮，赴曾文溪之北，前鋒後勁，左衝各鎮，赴二層行溪之南，各擇地屯兵，插竹為社，斬茅為屋，從事農業生產。

雖然鄭成功已在臺灣島內安頓了下來，可是外在的環境對他卻愈來愈不利。

鄭成功退守臺灣之後，清廷採用原是成功部將的黃梧的「平海五策」，把沿海居民全部撤至離海岸較遠的內地，禁止他們出海，以斷絕他們對鄭成功的接濟。這就是清廷所謂「遷界」辦法。鄭氏在家鄉的祖墳也遭清朝的破壞。在北京的鄭芝龍家族，也多人遭清朝殺害。這些對退處臺灣的鄭成功來說，都是悔恨交加的壞消息。

而鄭成功奉為號召的永曆帝，也在雲南方面下落不明。更糟糕的是鄭成功家庭內部起了個絕大的不幸風波。那就是留守廈門的長子鄭經竟然傳出與乳母私通的醜聞，這使得一向嚴於律己、也嚴於治軍的鄭成功，非常狼狽，立刻諭令鄭泰就近在廈門監殺鄭經、乳母和教子不嚴的董夫人。但鄭泰將乳母及鄭經的私生子殺了之後，卻替鄭經與董夫人求情。

留守廈門的鄭泰、洪旭、黃廷等人，又有抗命的傾向，不肯依令搬眷來臺，臺、廈間的音訊也不完全通暢。受此接二連三打擊的鄭成功，終於病倒了。永曆十六（西元一六六二）年五月八日，這位胸懷大志的英雄銜恨撒手人寰，享年只有三十九歲。距他來到臺灣也只有一年的時間。

鄭成功，有作為人子，不得盡孝的遺憾，有作為人臣，不能盡忠的遺憾。就如他自己死前的一段話：

自國家飄零以來，枕戈泣血十有七年，進退無據，罪案日增，今又屏跡遐荒。遽捐人世，忠孝兩虧，死不瞑目。天乎，天乎！何使孤臣至於此極，吾人又何面目見先帝於地下乎？

但他以一孤臣孽子，奮力於東南海疆，欲挽狂瀾於既倒的艱苦卓絕的精神，卻一直是後人所景仰的。尤其他渡海開臺的功績，更是往後來臺開墾之漢人的精神感召。所以，清初以來民間私奉鄭成功於「開山廟」中，直到同治十三（西元一八七四）年，沈葆楨因牡丹社事件來臺，才藉臺籍進士楊士芳等人公開上書，呈請清廷追諡建祠。鄭成功終於獲得清廷追諡為「忠節」，並建祠於臺南，供人景仰膜拜。沈葆楨還親撰對聯一副，充分表現出鄭成功一生的志業際遇：

開千古得未曾有之奇，洪荒留此山川，作遺民世界；
極一生無可如何之過，缺憾還諸天地，是創格完人。

六、海外的扶餘

嗣位之爭

鄭成功以鄭泰輔佐鄭經留守廈門，而自己親率部眾退守臺灣之後，便逐漸產生臺、廈間的隔閡。臺、廈間的不諧，到鄭經與其乳母私通的醜聞事發之後，更具體地表現出來。到了鄭成功逝世後，嗣位的問題，更導致一場王位爭奪戰。

鄭成功遽逝，在臺諸將推舉成功弟世襲為護理，鄭世襲周圍的親信，諸如蔡信、李應清、曹從龍、張驥、後衝鎮黃昭、中衝鎮蕭拱辰等人便積極部署，亟欲擁立鄭世襲為王；

並以鄭經於道德有虧，不當立嗣為由，於永曆十六年五月十三日（鄭成功死後第五日），假造鄭成功遺命，布告四方，擁世襲為東都主。上舉諸將並在臺南一帶沿海地區，部署防務，抵拒鄭經自廈門來臺繼位。

在鄭世襲於東都自立為東都主的同時，廈門方面於五月十四日接獲鄭成功之訃報之後，鄭經的親信忠振伯洪旭，便勸鄭經：「國不可一日無君，當先嗣位，然後發喪。」於是鄭經在思明（廈門）宣告嗣位，稱為「世藩」。

在廈門匆匆宣告嗣位的鄭經，不久之後也接到叔父鄭世襲在臺灣自立為東都主的消息，於是整備軍伍急著渡海來臺「正位」，將金、廈各島的防務，交由兵官忠振伯洪旭，戶官鄭泰留守，而以右武衛周全斌為五軍都督、陳永華為諮議參軍、馮錫範為侍衛，整軍渡臺。

十月七日，鄭經部眾來到澎湖，在澎湖略作停留，一方面遣禮官鄭斌入臺試探情勢，結果發現以中衝鎮蕭拱辰、後衝鎮黃昭為首的抵抗勢力頗大，計有黃昭守瀁港，蕭拱辰守洲仔尾，曹從龍守安平炮臺，蔡雲、李應清駐赤嵌接應各路。鄭經審時度勢，知不免一戰，於是在十月底率大軍屯鹿耳門，至十一月一日攻黃昭軍，但被黃昭大敗，恰好周全斌之軍隊來援，射殺昭，才使黃昭之軍隊陣前倒戈，反敗為勝。守於洲仔尾的蕭拱辰抵抗最為頑強，屢攻不下，後來也因鄭經在蕭軍中策動軍士倒戈，才搶下蕭拱辰。鄭經入安平，收蔡雲、張驥、李應清、曹從龍等抵抗份子，與蕭拱辰並斬於市。鄭經經過這一番苦戰之後，終於正式地繼承了鄭成功的統帥權。

鄭經掌握了統帥權之後，接著便必須整備全島的防務，任命親信勇衛黃安總管承天府南北兩路兵馬軍務，但當臺灣島內之統帥權安定之後，鄭經並無意久留臺灣，在翌年（永曆十七）便率總督五軍戎務周全斌、諮議參軍陳永華、侍衛馮錫範回廈門。鄭經回廈門後，以共同擁鄭世襲拒鄭經嗣位的罪名，將伯叔輩的鄭泰拘禁，於是以鄭經及其親信周全斌、陳永華、馮錫範、黃安、洪旭為中心的政權，才穩定了下來。

鄭經雖然將總部設於廈門，隔海遙領臺灣事務，但這種情勢並未能持久。永曆十七年六月，鄭經幽禁鄭泰時，鄭泰之弟鳴駿率部眾降清，清朝方面得此精銳，於是在福建總督李率泰、靖南王耿繼茂的策劃之下，聯合被鄭成功逼出臺灣而抱恨在心的荷蘭勢力，於十月間進圍金、廈兩島。這時清、荷聯軍的軍容壯大；靖南王耿繼茂、閩督李率泰自同安出兵，福建陸路提督馬得功，率鄭鳴駿降部及荷蘭夾板船出泉州；海澄公黃梧、福建水師提督施琅出海澄。在這一戰中，荷蘭有夾板船十四艘，清軍有戰船三百餘艘，但鄭經方面的戰船才只有十餘艘，軍力相差懸殊，雖然周全斌奮勇作戰，但終非清方之敵，於是鄭經只好放棄金、廈兩島，退守銅山。

金、廈兩島失陷之後，鄭經軍中的士氣大受影響。永曆十八年初，麾下林順、杜煇等部先後降清，更使軍心大亂。洪旭見此情況，建議鄭經：「金、廈剛剛失陷，人心不能一致，銅山必定難保。現在各守將紛紛叛去，更是不可不注意，還是趕快回臺灣，否則遷延時日，恐怕內部都要起變化了！」於是鄭經在永曆十八年三月，放棄福建沿海各島，撤兵回臺，這時候跟隨鄭經回臺的才不過六七千人而已，連親信股肱周全斌、黃廷都在這緊要關頭中降清了，可見其潦倒之一斑。

這次鄭經放棄大陸沿海島嶼，退守臺灣，可以說是鄭氏所代表的南明抗清勢力的總撤退，不但鄭經所轄的軍隊、官員都撤入臺灣，明朝的縉紳遺老，也因福建地區已無棲身之所，而隨鄭經來到臺灣。從此以後，鄭氏才真正在臺灣從事長久性的開發與建設。

長久的規置

永曆十八年，鄭經退守臺灣之後，開始從事臺灣內部的整頓與建設，八月改東都為東寧，升天興、萬年二縣為州，另設南北路及澎湖安撫司，而成一府、二州、三司之局。

行政中心的東寧，在此之前只是因循沿襲荷蘭之舊，並無太大的建置，這時候採陳永華的建議，開始營建圍柵，衙門官署。

承天府內分為四坊：東安、西定、寧南、鎮北。坊設簽首，辦理民事。附廓則分為二十四里，里中設總理。另外以十戶為牌，設牌長；十牌有甲，設甲首；十甲為保，設保長，處理戶籍之事。人民之遷徙、職業、婚嫁、生死，都必須報告總理，然後定期由總理報官。這是仿照內地里甲制度的辦法。

另外，永曆十九年，諮議參軍陳永華建議建聖廟、立學校。

昔成湯以百里而王，文王以七十里而興，豈關地方廣闊，實在國君好賢，能求人才以相佐理耳。今臺灣沃野數千里，遠濱海外，且其俗素醇。若得賢才而理之，則十年教養，十年生聚，三十年真足與中原相甲乙，何愁偏促稀少哉？今既足食，則當教之；使逸居無教，何異禽獸？須擇地建立聖廟、設學校，以收人才，庶國有賢士，邦本自固，而世運日昌矣！

於是，寧南坊鳩工興建聖廟。永曆二十年正月，聖廟落成，聖廟之旁設明倫堂為學校，這就是現在臺南孔廟的前身。

除了在中央設學校之外，又命各土著部落設學校，延請避難縉紳為老師。凡民八歲便可入小學，教以經史文章。天興、萬年二州，每三年一試，州試合格者移府，府試合格者移院（學院），經過策論及格，則取入太學，三年舉行一次大試，成績優異者，則任為六科內都事。一個儼然有若內地的科舉制度，也建立起來了，而負責這些業務的是陳永華（學院）和葉亨（國子監助教）。

影響臺灣島內治安的一大因素是土著各族的向背。鄭成功入臺灣之際，對於土著便加意安撫，曾巡視新港、目加溜灣等社，對土著「賜以菸布，慰以好言」，並派部將十人，分管土著部落之事。

永曆十年之後，由於復頒屯田之制，於是大量的土著土地都遭到鄭氏部將的侵墾，造成不少土著與入墾者的衝突。對於這種衝突，鄭氏除了撫之以情、誘之以利之外，有時也動用干戈加以制服，比較大規模的征討行動計有：

一、永曆十八年，黃安平北路阿狗讓（大概在今臺中縣大肚鄉）反。

二、永曆二十四年，劉國軒討平沙轆番亂（今臺中縣沙鹿鎮）。

三、永曆三十一年，參軍林圯因拓地與土著衝突。

四、討伐斗尾龍岸番。

五、討伐岸裡社（今臺中縣神岡鄉）。

六、永曆三十六年，左武衛何祐役使土著太甚引起反抗，以兵力討伐之。

七、永曆三十七年，因向東海岸找尋沙金，引起與土著之衝突。

這些與土著之衝突，絕大部分因侵入土著之生存空間所引起，為了防止爭端，於是在土著生息之處，設置「土牛」和「紅線」作為約束，禁止漢人侵入。所謂「土牛」是「造土如牛，置要害，戍兵防守」；所謂「紅線」是「以土築短垣，上砌紅磚以為識」，漢人便在這種自創界限的約束下，從事開墾。

文風教化

由於鄭經完全放棄大陸沿海的島嶼，退守臺灣，大批避居閩南、金、廈的明朝宗室、縉紳遺老，因為已無容身之所，也紛紛跟隨鄭經來到臺灣，一時之間臺灣濟濟多士，由於有一批文士而使得臺灣除了軍事、墾殖之外，尚有文風。

這些人當中，最有名的要數荷蘭時代即來臺的沈光文了。沈光文，字文開，號斯庵，浙江寧波人。原是南明大吏，永曆三年因風飄至臺灣，隨在臺灣開館授徒，教移民讀書識字。鄭成功入臺，知道沈光文在臺，立刻以客禮相待，奉為上賓。

鄭經入臺後，因沈光文作詩諷刺鄭經之施政，為鄭經所忌，險遭殺身之禍，逃避於羅漢內（今高雄縣內門鄉），後改遷目加溜灣社，開館授徒，教化土著。清人入臺後，閩督姚啟聖禮遇之。諸羅知縣季麒光更幾乎負擔了他晚年的生活，最後死於諸羅縣（今臺南縣善化鎮）。

光文在臺三十餘年，歷經荷蘭、明鄭、滿清三個政權，在臺首傳中華衣冠文物，後人推為臺灣文獻之祖。

徐孚遠，字闇（ㄢˋ àn）公，江蘇華亭人。原為晚明幾社份子。後投靠鄭成功，參與軍事。永曆十五年隨鄭成功來臺，但永曆十七年清軍破廈門時，走遁饒平山中而亡。

張煌言，字之善，浙江鄞（ㄧㄣˊ yín）縣人。北伐失敗後，曾隨鄭成功來臺，但不久即又回內地，避居江湖。

王忠孝，字長孺，福建惠安人。鄭成功在廈門設儲賢館，禮待避亂縉紳，遺老多往來於廈門，一時王忠孝、辜朝荐、沈佺期、盧若騰等均為座上嘉賓。永曆十八年鄭經退守臺灣時，這批人都隨軍來臺。這些人大都是南明之朝中大臣，兼有道德文章，避居臺灣時期，揚文掖風，對臺灣之文風頗有推進之功。

李茂春，字正青，福建龍溪人。晚明孝廉。永曆十八年，隨鄭經入臺，居於永康里（今臺南縣永康鄉），築草廬名為「夢蝶」，沉潛佛經，人稱「李菩薩」。另外，還有郭貞一、諸葛倬、黃秉忠、林英、張士榔、黃驤陛、張灝、葉后詔也都是一時文士。

對於臺灣文治，最有貢獻的還是要算陳永華。

陳永華，字復甫，福建同安人。鄭成功在廈門整備軍旅，延攬天下賢士時，經由王忠孝之推薦，受鄭成功之賞識。經常參贊內外軍、政事務。

永華為人，謙沖木訥。但指論大局，則慷慨雄談，多中肯要，遇事果斷，有識見而堅定。永曆十二年，成功提議北征，諸將反對，永華獨排眾議，贊成北征，成功於是更加重用，命留廈門輔佐世子鄭經。十五年，成功入臺，授永華為諮議參軍。

永曆十八年，鄭經入臺，升為勇衛。追隨鄭經親歷南北各土著部落，相度地勢，然後馬上規劃整頓屯田之制，分諸將開墾。鄭成功時代以謀取軍食為目標的屯田之制，至此才成為長久性的軍隊給養原則。

鄭經時代的臺灣建設，幾乎都成於永華之手。對於東寧則築圍柵、建衙署，規劃出行政中心來。另外，教匠燒瓦，伐木造廬舍，以奠民居；引入內地式的坊里制度，建立出地方的行政系統。

對於來臺的漢人社會，則勸農桑、禁淫賭、詰盜賊。於是地無遊民，土地漸拓，田疇日啟。當時臺灣農業之利，使得閩、粵之民軸轅而至，據說每年達數萬人。永曆十九年，為鼓勵文風，請建聖廟、立學校。翌年，擔任學院之職，以葉亨為國子監助教，聘宿儒以教秀士；各社皆設小學，教之養之，臺灣文學始日進。

永曆二十八年，鄭經應耿精忠之請西征，命永華為東寧總制使，於是事無大小，皆決於永華，成為實際經營臺灣的主要人物。

臺灣由於這批避難縉紳而有文風，由於有陳永華而使鄭成功所代表的鄭氏征戰軍團，逐漸定住下來，進行永久性的經營與建設。所以臺灣可以說是鄭成功開之，陳永華營之。

七、漢人社會的成立

屯墾的軍團

鄭氏在臺灣的統治，最重要的意義之一，便是使漢人社會確立了下來。荷蘭統治時期或更早的時期，雖然也有來自閩南或其他大陸沿海地區的漢人，來到臺灣島上或沿邊海域，從事墾殖、狩獵或捕魚，但大多屬於暫時性、季節性的往來，即使荷蘭東印度公司為了在臺灣從事熱帶栽培業而招徠的大量漢人，其性質也類似是荷蘭東印度公司的傭工。自主的墾殖農民，要到鄭氏統治時期才出現。

鄭成功入臺之後，馬上必須解決軍糧的來源，於是採取屯墾之制，以軍隊自耕來供應所需的糧餉。鄭成功在分遣文武官員與士兵開墾之前，曾頒布開墾章程：

東都明京，開國立家，可為萬世不拔基業；本藩已手闢草萊，與爾文武各官及各鎮大小將領官兵家眷，聿來胥宇，總必創建田宅等項，以遺子孫計；但一勞永逸，當以己力經營，不准混侵土民及百姓現耕物業。茲將條款開列於後，咸使遵依。如有違越，法在必究。著戶官刻板頒行。特諭。

承天府安平鎮，本藩暫建都於此，文武各官及總鎮大小將領家眷，暫住於此。隨人多少，圈地永為世業，以佃以漁及經商，取一時之利。但不許混圈土民及百姓現耕田地。

各處地方，或田或地，文武各官隨意選擇，創置莊屋，盡其力量，永為世業。但不許紛爭及混圈土民及百姓現耕田地。

本藩閱覽形勝，建都之處，文武各官及總鎮大小將領，設立衙門，亦准圈地創置莊屋，永為世業。但不許混圈土民及百姓現耕田地。

文武各官圈地之處，所有山林及陂池，具圖來獻，本藩薄定賦稅，便屬其掌管，須自照管愛惜，不可斧斤不時，竭澤而漁，庶後來永享無疆之利。

各鎮及大小將領、官兵派撥汛地，准就彼處擇地起蓋房屋，開闢田地，盡其力量，永為世業，以佃以漁及經商。但不許混圈土民及百姓現耕田地。

各鎮及大小將領派撥汛地，其處有山林陂池，具稟報聞，本藩即行給賞。須自照管愛惜，不可斧斤不時，竭澤而漁，使後來永享無疆之利。

沿海各澳，除現在有網位、罟（ㄍㄨˇ gǔ）位，本藩委官徵稅外，其餘分與文武官及總鎮大小將領前去照管，不許混取，候定賦稅。

文武各官開墾田地，必先赴本藩報明畝數，而後開墾。至於百姓，必先將開畝數，報明承天府，方准開墾。如有先墾而後報，及少報而墾多者，察出定將田地沒官，仍從重究處。

從這一篇「開墾章程」來看，鄭成功是放任文武官員及將領自由地開墾，東都的中央只是坐收租稅而已。因此各文武官及將領便各自成為一個開墾集團的領袖，而龐大的軍隊也就是龐大的農耕隊。

也因為文武官員及將領可以自由圈地開墾，於是就出現了獨特的土地所有型態，那就是官田、文武官田、私田和營盤田。所謂官田，就是鄭氏所直接招佃耕種的田地。文武官田、私田，是鄭氏宗黨及文武官員與土庶之有力者，招佃耕墾，自收其租，而納課於官的田地，可視為是一種私田。營盤，則是兵鎮就駐地自耕自給的田地。

由於墾殖的需要，各種水利設施也陸續興築了起來，根據舊志的記載，當時至少已有下列的水利事業：

㈠月眉池：依寧靖王朱術桂所築。在文賢里。

㈡輔政埤：係鄭成功次子聰所築，在鳳山莊。

㈢三鎮陂：在維新里。有泉灌田。

㈣三老爺陂：在維新里半路竹。有水泉。

㈤烏樹林陂：在維新里，蓄水灌田。

㈥大陂：在嘉祥里，蓄水灌田。

㈦新園陂：在長治里，蓄水灌田。

㈧北領旗陂：蓄水灌田。

㈨大湖陂：在長治里，周圍二百餘丈，有泉，蓄水灌田，魚利亦多。

㈩中衝旗陂：在仁壽里，注溪水灌田。

(十一)赤山陂：在赤山莊，周百餘丈，蓄水灌田。

(十二)竹橋陂：在竹橋里，蓄溪水灌田，魚蝦之利，聽民採捕。

(十三)無源潭：在永豐里，潦水所注。

(十四)草潭：在新豐里。

(十五)白衣潭：在新豐里。

(十六)公爺陂：在新豐里。

(十七)陂仔頭陂：在文賢里。

漢人鄉莊

明鄭入臺後，臺灣成為一個有漢人政權管理的地區。再加上當時大陸的政治環境的配合，使閩南地區的不少漢人來到臺灣，這批人就成為此後臺灣開發史上的重要人力。

在這段時期來到臺灣的漢人，當然首推鄭成功的龐大軍隊。永曆十五年，鄭成功率領軍隊退守臺灣；永曆十八年，鄭經放棄金、廈入臺，更帶來了大批軍隊。這些軍隊都在屯墾制度的原則下，投入臺灣的農業開發生產行列。另外，搬遷將士眷口來臺，也使臺灣的漢人生產人口大大地增加。

明鄭時期，在臺漢人除了這些鄭氏的軍隊眷屬之外，另外的來源便是源源不斷從大陸沿海流出的貧苦人口。而這些人口之所以不斷流出，又與鄭、清間長期的對立所造成的政治環境有關。

原來，由於鄭、清間的對立，使清朝方面為了斷絕鄭氏的海上接濟和掠奪的對象，於是在沿海地區實行堅壁清野的「遷界」措施。將濱海三十里內的田園、廬舍，悉數焚毀，移居民於內地，並在界上築牆垣、立界石、駐兵防守，一時之間做到「片板不許下海，粒貨不許越疆」的程度。尤其在永曆十八年鄭經退走臺灣之後，清朝更嚴格執行遷界之令，欲將鄭經逼處於臺灣一島，所謂：

> 馳令各島及沿邊百姓，盡移入內地。逢山開溝二丈餘深，名為界溝；又溝內築牆，厚四尺餘，高一丈，名為界牆。逢溪河，用大木樁柵，五里相望；於高埠處置炮臺；臺外二煙墩；三十里設一大營盤，營將千、把總率兵守護其間。日則瞭望，夜則伏路，如逢有警，一臺煙起，左右各相應，營將各揮眾合擊。

可見清方管制之嚴。但清朝這種基於政治、軍事立場考慮而來的舉措，卻逼使沿海的居民陷入更大的生活困境之中。因為沿海居民原本靠海維生，如今既毀其家園，又強迫遷離原本賴以活命的海邊，其慘狀可想而知，於是有不少人鋌而走險，紛紛越界投靠在海外的鄭氏。

鄭成功對於這些迫於生計而來的漢人，也大加收容。他在知道清朝強行搬遷沿海居民時，曾說：

> 吾欲留此數莖髮，累及桑梓人民！且以數千里膏腴魚鹽之地、百萬億眾生靈，一旦委而棄之，將以為得計乎？徒殃民而已！……今當馳令各處，收沿海之殘民，移我東土，開闢草萊，以相助耕種，養精蓄銳。

甚至命黃安「招沿海居民之不願內徙者數十萬人，東渡以實臺地」。顯然，在鄭、清對立下，被清朝政策所犧牲的沿海居民，曾經由於清朝政策的逼迫，大量地違禁下海，而鄭氏則加意地招集這批人來到臺灣，成為開發臺灣的重要勞力。

以這批包括軍士、流民的龐大漢人勞力，配合前節所述的水利事業，很快地漢人便在臺灣開墾出不少鄉莊：

參軍莊：為諮議參軍陳永華所墾，位長治里，在今高雄內湖鄉大湖村附近。

營前及營後二莊：均為鄭氏屯軍之所，在今高雄縣路竹鄉。

竹滬莊：為明寧靖王朱術桂墾闢之所，在今路竹鄉竹滬、頂寮二村地區。

三鎮莊：為鄭氏戎旗三鎮屯墾之所。位明鄭之維新里。今確切地點不詳。

北領旗莊：為鄭氏侍衛領旗協屯墾之所，在今高雄市永安鄉維新村一帶。

嘉祥里：相傳漢人移民開闢。約在今之高雄縣岡山鎮及阿蓮鄉之部分地。

援剿中莊：為鄭氏援剿中鎮屯墾之所。援剿右莊：為鄭氏援剿右鎮屯墾之所。角宿莊：為角宿鎮屯墾之所。俱在今高雄燕巢鄉。

仁武莊：為鄭氏仁武鎮屯墾之所。考潭莊：為明鄭部將張阿春者所墾。灣仔內及新莊二莊：為泉州安溪人屯弁（ㄅㄧㄢˋ biàn）吳天來所墾。赤山仔莊：為屯弁安溪林姓及龍溪方姓招徠族之所墾。竹仔門及後莊仔莊，係同安屯弁錢姓族人招佃所闢。俱在今高雄縣仁武鄉。

大樹腳及小坑頂二莊；係鄭氏部將吳燕山開墾。俱在今高雄縣大樹鄉。

前鋒及後協二莊：為鄭氏前鋒鎮與先鋒鎮後協二部所墾，俱在今高雄縣岡山鎮。

楠梓仙溪東里：約包括今臺南縣南化鄉之一小部、今高雄縣六龜、杉林、甲仙三鄉之全部。相傳均開闢於明鄭時期。

中衝莊：為鄭氏中衝鎮屯墾之所，在今高雄縣岡山鎮。

後勁及右衝二莊：為鄭氏後勁與右衝鎮屯弁郭姓招佃開屯之所。在今高雄市楠梓區及高雄縣仁武鄉各一部分地區。

左營莊：為鄭氏宣毅左鎮屯墾之所，在今高雄市左營區。

前鎮莊：為鄭氏中提督前鎮設屯之所，在今高雄市前鎮區。

中權莊（中阮莊）：為鄭氏中權鎮屯之所。在今高雄縣鳳山鎮。

鳳山里：約有今高雄縣小港鄉之全部及鳳山鎮之一部。相傳為鄭氏開屯招佃之所。

旗後地區：永曆二十六（康熙十二）年有福建徐姓漁人飄流來此。後又有洪、王、蔡、李、白、潘六姓遷來，遂闢其地。在今高雄市。

瑯嶠地區：相傳鄭氏軍隊曾於車城灣登陸，有朱、柯、趙、黃各姓屯弁與兵丁，即於附近平埔開屯招佃，以墾闢統領埔、射寮、大樹房、網紗諸莊。俱今屏東縣車城鄉地區。

西勢莊：為明鄭蔣、蔡二姓開屯招佃之所。在今屏東縣林邊鄉。

茄藤港：為明末漢人船舶寄碇之所，附近為漢人移民所闢，在今屏東縣佳冬鄉。
後營莊：為鄭氏設屯開墾之處。在今臺南縣西港鄉。
大營、大社二莊：均為鄭氏開屯招佃之所，俱在今臺南縣新市鄉。
左鎮、草山二莊：為鄭氏開屯之所，俱在今臺南縣左鎮鄉。
大目降里：為「蕃族」大頭目所住之所，鄭氏討平後，即駐軍屯墾其地。在今臺南縣新化鎮。
林鳳營莊：為鄭氏參軍林鳳屯墾之所。在今臺南縣六甲鄉。
中營、下營二莊：均為鄭氏設鎮屯田之處，俱在今臺南縣下營鄉。
下營莊：為鄭氏設鎮屯墾之所，在今臺南縣佳里鎮。
二鎮莊：為鄭氏戎旗二鎮所墾。中協莊：為左先鋒鎮中協所墾。官田莊：為鄭氏官田所在，係陳姓一族承墾。角秀莊：即角宿莊之傳訛，為角宿鎮屯墾之所。俱在今臺南縣官田鄉。
北勢洲及山仔頂二莊：為鄭氏設鎮開屯之處，在今臺南縣山上鄉。
小新營莊：為鄭氏屯墾之所，在今臺南縣善化鎮。
果毅後莊：為鄭氏果毅後鎮所墾。五軍營莊：為五軍戎政所墾。查畝營莊：為鄭氏清查田畝屯駐之所。俱在今臺南縣柳營鄉。

舊營莊：為鄭氏設鎮之處，其部將泉州人何積善、范文章等，開屯招佃，墾闢其地。並闢及鹽水港堡地區。約在今臺南縣鹽水鎮一帶。

新營、後鎮二莊：為鄭氏設屯招佃之處，俱在今臺南縣新營鎮。

太子宮及鐵線橋二堡：為鄭氏部將何替仔開屯招佃之所，漸闢及二堡全部。相傳來墾者即假予農具，成熟後免租五年；五年後設定每甲大租四石至六石云。二堡地區約當今臺南縣之柳營、新營、鹽水三鄉鎮各一部分地區。

本協莊：為鄭氏屯墾之所，在今臺南縣後壁鄉。

大槺榔莊：相傳永曆十九（康熙四）年，有漳州府詔安縣人徐遠者，招佃開墾。在今嘉義縣朴子鎮大鄉、大葛二里地區。

後鎮莊：為鄭氏開屯招佃之所，在今嘉義縣義竹鄉。

鹿仔草莊：為鄭氏設鎮屯墾之所，在今嘉義縣鹿草鄉。

嘉義西堡：為明鄭部將吳智武開屯之處。相傳有屯弁翁、江、陳、王、賴諸姓，招佃開闢，遂及全部。約當今嘉義市之全部，及水上、太堡二鄉之各一部。

後潭莊：永曆二十七年漳浦人向媽窮所墾，相傳附近數十里，盡為開闢。茄苳莊：亦永曆二十七年，南安人陳水源招徠大陸移民所墾。崙仔頂莊：永曆三十（康熙十五）年，平和人林一所墾。三莊俱在今嘉義縣太堡鄉。

竹子腳莊：永曆十一年，同安縣人陳德卿、陳士政所墾。六腳佃莊：永曆十八年，漳州人屯弁楊港摛、陳士政所墾。林內莊及潭仔墘二莊：永曆二十年同安縣人陳元、陳水池所墾。永曆二十二年，平和縣人林寬老，李達等再來墾闢。下雙溪莊：永曆二十五年，南安人侯成及劉傳等招佃墾闢。後崩山莊：永曆二十八年，平和人林虎、陳天梖所墾。大塗師莊：永曆三十一年，南安縣人魏善英、侯堪民等所墾。蒜頭莊：永曆三十三年，南安縣人黃雄、陳巨郎等所墾。溪墘厝莊：永曆三十五年，南安縣人侯定、侯住等招佃墾闢。灣南莊：永曆三十五年，南定縣人陳意境、陳能意所墾。蘇厝蓁莊：南安縣人蘇澤恩、姚承等所墾。更蓁莊：永曆三十七年龍溪人蔡振隆、陳隆等所墾。以上地區均在今嘉義縣六腳鄉。

葉仔蓁：為鄭氏屯弁薛姓所墾，在今嘉義縣民雄鄉。

崁頭厝頭莊：為漳州移民陳石龍等招佃開墾。崁腳莊：鄭氏屯弁薛姓所墾。均在今雲林縣古坑鄉。

笨港：為明代大陸來臺船舶輻輳之地，即今之北港鎮也。有鄭氏屯弁陳姓者，至此開墾，以土間厝、水燦林二莊為中心，設屯招佃，闢地及蔦松莊一帶。三莊俱在今雲林縣水林鄉地區。

石龜溪、林仔、南勢三莊：鄭氏屯弁蔡、黃二姓招佃所闢。阿丹莊：屯弁阿陳者所闢。林仔莊：屯弁蒲姓所闢。俱在今雲林縣斗南鎮。

埤頭莊：明鄭屯弁蔡、黃二姓招佃開墾，在今雲林縣大埤鄉。

林內莊：明鄭屯弁有鄭萃興者，溯濁水溪而上，開屯招佃於此，在今雲林縣林內鄉。

林圮埔地區：永曆三十一年，鄭氏部將林圮者，溯濁水溪而上，開屯招佃，墾闢及此；並墾附近之竹仔圍莊。又附近之社寮、山腳、後埔仔三莊，為屯弁杜、賴二姓開闢。俱在今南投縣竹山鎮地區。

半線地區：永曆三十年間，鄭氏設屯招佃於此。相傳鄭將劉國軒亦曾屯兵於此。城外之八卦山有「鄭氏將佐葬所」（《彰化縣志》）。其地在今彰化市區。

大肚莊：相傳於明鄭時，漢人曾移民於此。在今臺中縣大肚鄉。

大甲社：附近之鐵砧山，相傳為鄭氏屯墾之所。在今臺中縣大甲鎮。

新港仔、竹塹（ㄑㄧㄢˋ qiàn）：為鄭氏左先鋒、援勦後鎮、後衝鎮、智武鎮、英兵鎮、虎衛右鎮屯墾之區。新港仔在今苗栗縣後龍鎮。竹塹，今新竹市一帶。

營盤坑：位南崁港附近，今桃園縣蘆竹鄉地區。為鄭氏屯墾之所。相傳其地之五福宮，即建於明鄭時期。相傳有謝姓者，溯南崁溪而上，又進墾今桃園鎮一帶。

唭里岸地區：永曆三十五年間，明鄭北路總督何祐，北戍雞籠、淡水，以備清軍。時有屯弁鄭長者，隨軍登陸淡水港，溯流而上，乃開屯唭里岸之野（今臺北市北投區），及大直莊一帶（今臺北市中山區）。

國姓埔：為鄭氏開屯招佃之所。在今臺北縣金山鄉。

八、戰爭與和平

轉戰閩粵

鄭氏政權成立的重要政治基礎之一，是自鄭成功以來所標舉的「反清復明」的政治號召，因此，終明鄭之世，皆奉明朝正朔，即使在永曆帝下落不明之後，鄭經、鄭克壓、鄭克塽也均沿用永曆之年號。

因為抗清是明鄭立國的重要基礎，所以明鄭與清朝之間的和戰，也就特別地有意義。

在鄭成功退守臺灣之後，雖然不時切念西征，但因成功在臺不及一年，即以英年辭世，因此在臺的一切措置也只能部署內部而已，根本無法做進一步的進取。

鄭經嗣位後，原以金廈為前哨，但永曆十八（西元一六六四）年禁不住清軍夾擊，不得不退守臺灣後，一方面因無力西征，一方面也無意西征，清朝方面也希望將鄭氏勢力圍阻於海外。因此，自永曆十八年鄭經退保臺灣之後，一直要到永曆二十八（西元一六七四）年，鄭經才因耿精忠、吳三桂之請，率領部將渡海駐廈門。在這十年間，鄭氏與清廷實際上是隔著臺灣海峽相對峙。

永曆二十七（西元一六七三）年，吳三桂、耿精忠、尚可喜因不滿清朝削藩之舉，相約聯合抗清。吳三桂、耿精忠來函邀請鄭經會師，於是鄭經以陳永華總制留守東寧，親率部眾西征。

鄭經一到廈門即布告四方，並暗中在漳、泉一帶募兵，派遣李德至日本鑄造永曆錢、銅熕（ㄍㄨㄥˋ gòng）、腰刀以為軍用；派楊賢在臺管理海上貿易，與暹邏、咬留吧、呂宋等地通商貿易，以裕軍餉；並自臺灣抽調土著及佃丁，以補充兵源，一時之間軍容頗盛。

耿精忠原約定將漳、泉給予鄭經，並聯合戰守。但耿軍在戰爭初期連戰皆捷，於是一反前約，不願將漳、泉二地放予鄭經。鄭經只好自為戰守，首先攻同安，守將張學堯出降，接著海澄、潮州、泉州、漳州一一望風歸附，沿海地區幾全為所有。

鄭經控制有閩南沿海之後，便將攻勢轉向廣東方向，與尚可喜爭奪勢力範圍，由於得到吳三桂之助，鄭經很容易地便領有了粵東的惠州，於是鄭經成為與吳三桂、耿精忠鼎立的一方之雄。

耿精忠懾於鄭經連戰皆捷之威勢，派人向鄭經請求重修舊好，聯合戰守，但為鄭經所拒，兩方甚且干戈相向。鄭、耿間的衝突，雖曾因吳三桂之調解而稍有緩和，但事關勢力範圍的爭奪，還是無法盡釋前嫌。在耿精忠受到清廷強力圍剿之際，鄭經不只袖手旁觀，反而接受耿精忠汀州守將劉應麟之投降，乘機獲取汀州地盤，此舉更使耿精忠憤恨不已。耿精忠受此打擊，走頭無路之際，一怒向滿清投降，而將槍口倒過來向著鄭經，這是鄭經在戰略上的一個重大錯誤。

耿精忠降清後，會同十餘萬清兵，對鄭經作正面的攻擊，鄭經此時以有勇無謀的許耀應戰，結果大敗而還，由於許耀的大敗，使各地守將紛紛向清兵投降，或主動撤退，橫跨福建、廣東七府的事業，冰消瓦解，因而只能退守金、廈兩島。

鄭經退守金、廈兩島之後，重新整頓部隊，授予悍將劉國軒專征之責，一度攻下漳、泉十餘屬縣，閩南一帶再度奉鄭氏號令。但這畢竟只是短時的勝利，清廷以龐大的軍力對鄭經進行夾擊，不久也只好退守海澄，屏障金、廈。鄭、清雙方又成對峙的僵局。

在這種對峙的情況下，清朝一方面重施遷界故技，一方面在漳州設立「修來館」，以金錢利祿誘致鄭經部將，鄭軍士氣大受影響，永曆三十三年起清方調遣湖廣、浙江軍力來援，封鎖鄭經的根據地，並作勢對金、廈發動攻擊。

鄭經在外有強敵壓境，內有軍心不穩的情況下，恐變生肘腋，於是忍痛於翌年二月退守臺灣。

鄭經此次退守臺灣之後，便再也沒有力量和機會西征了。

和議的使節

鄭、清之間的對立，從鄭成功提旅上陣後，即已開始。對清朝而言，鄭氏的勢力是統一事業中所不能不除的阻礙。因此，不但動以干戈，而且頻頻遣使招納鄭氏投降，即使在鄭氏退守臺灣之後，仍然不斷有使節前來遊說。

永曆十六（西元一六六二）年，鄭成功薨於東都，內部又有嗣位之爭，清靖南王耿繼茂、福建總督李章泰，認為有機可乘，派人前來廈門招撫，鄭經因東都（臺灣）尚未完全安定，派人虛與委蛇，終因清方堅持鄭經薙（ㄊㄧˋ tì）髮登岸請降，鄭方堅持仿朝鮮稱臣納貢不薙髮之例，和議破裂。

永曆二十一（西元一六六七）年，張煌言之舊部叛將孔元章，前來東寧招降，並提示三項條件：「一、以沿海為交易之所，二、稱臣奉貢，三、遣子入京為質。」也遭鄭經批駁。

永曆二十三（西元一六六九）年，清刑部尚書明珠來諭降，鄭方堅持仿照朝鮮事例，「不薙髮，世守臺灣，稱臣納貢而已」，仍不能被清廷所允。

永曆三十一（西元一六七七）年，清方大將和碩康親王傑書遣朱麟、臧慶祚來廈門議和。此時正是鄭經連下漳、泉、潮、惠數府之後，又連失閩南、粵東七府之際，清方有意在此鄭經窮途潦倒之際，利誘鄭經投降，但鄭經覆書斷然拒絕：「夫萬古正綱常之論，而春秋嚴華夷之辨，此固忠臣義士所朝夕凜遵，不敢或忘者也。我家世受國恩，每思克復舊業。……倘天意厭亂，人心思漢，則此一旅，亦可挽回，何必裂冠毀冕，然後為識時務之俊傑哉？」言辭鏗鏘，並不因軍事失利而稍挫其志。

同年六月，清康親王傑書再以泉州、興化知府與地方鄉紳，前來議和，動之以情，並誘之以利，答應只要讓出沿海島嶼，即可仿朝鮮之例稱臣納貢。但鄭經不但要求保有沿海島嶼，而且要求沿海四府，以便資給糧餉，和議當然再度破裂。

永曆三十二（西元一六七八）年，鄭、清之間在閩南形成拉鋸戰。六月，破海澄，一時長泰、同安、惠安、安溪、永春、德化諸縣俱下，但九月又盡失所得，退守海澄。清福建總督姚啟聖久攻海澄不下，想以和議方式收回海澄，於是派使者前來議和，條件為交出海澄。鄭方以海澄為廈門屏障，堅不退讓，和議破裂。自此以後，姚啟聖嚴格執行高壁深壘的遷界政策。

永曆三十三（西元一六七九）年，傑書再遣使來撫，鄭方仍然堅持海澄絕不可棄，但可為往來公所，和議已逐漸達成之際，以福建總督姚啟聖之反對而作罷。

永曆三十六（西元一六八二）年，姚啟聖遣使入臺灣招撫，但此時清朝內部已有戰、撫兩方意見之對立，不久也就作罷。

在鄭、清對峙的期間，雖然清方不斷有遣使議和之舉，但清方並不是真正有意謀和。因此，即使清朝使節絡繹於途，和議條件逐漸達於一致，但清朝也絕不會輕易與鄭氏和平相處。因為鄭氏所代表的是一股不臣服清廷的反動勢力，清廷必定欲置之死地而後心安。所以，鄭氏堅持不接受清方所提的和議原則。

但是，退居臺灣的鄭經所面臨的內部問題卻更為嚴重，老臣凋謝，權臣傾軋，克壓、克塽兄弟的不睦，終於又演變成另一次嗣位之爭。而清朝方面，施琅所代表的強硬主戰派，又必欲置鄭氏於死地。這時的鄭氏政權，有如一盆薪盡的爐火，就快要結束其生命了。

九、王朝的終焉

強敵當前的內爭

鄭經趁三藩之亂西征，轉戰於閩南、粵東達六年之久；永曆三十四年，帶領疲憊的軍隊回到臺灣之後，即優遊詩文而怠於政事，一切政事仍然委由監國鄭克壓、陳永華處理。

永曆十八年，鄭經首次退守臺灣之後，即以陳永華規劃各項軍政措施。二十八年，鄭經親率征西大軍渡海回金廈之後，更將臺灣的一切政務，交由監國鄭克壓、東寧總制陳永華掌理。鄭克壓剛方果決，頗有乃祖成功之風，而且任事、斷案毫不徇私，據說「上至董太妃（即其祖母）、諸叔，下及鎮將兵民，繩以禮法，不肯阿容徇縱，故兵民感戴，權勢屏息，雖經之親信，莫不畏憚」，而陳永華則是一介賢吏，在鄭經西征期間，不斷自東寧供應前線軍餉、兵丁，而且從事島內之各項建設，也頗得人望。

但是，鄭克壓、陳永華在島內的勢力與聲望，卻引起西征歸來之馮錫範、劉國軒等人的忌妒。鄭經西征歸來不久，即引起一場權力的傾軋，這次的權力爭奪，大致可視為留守派（鄭克壓、陳永華為首）與西征派（馮錫範、劉國軒為首）的衝突。在這次權力傾軋當中，陳永華被解去兵權，繼而悒快以終；接著柯平、楊英等元老重臣，也相繼謝世，鄭氏政權內部頹相漸露，而縱情詩酒的鄭經也在永曆三十五（西元一六八一）年病逝，留下一個地位非常不穩定的鄭克壓出掌大局。

在鄭克壓地位飄搖之際，馮錫範先取得劉國軒的諒解，然後聯合失意的「宗室」，如鄭經的兄弟鄭聰、鄭明，以及對克壓抱有敵意的軍人、外戚（董氏），一致圍繞著董國太，謂克壓為鄭經之私生子，非鄭家正統血裔，人心不服，將招變故，並在她許可下，將克壓刺殺，於是馮錫範將自己的女婿鄭克塽擁上王位。

被擁上王位的克塽，其實是個尚不能任事的幼主，由鄭聰作了名義上的「輔政公」，馮錫範成為實際的統治者，而發動政變的親貴也因此得以專權用事。再加上年成欠收，米價高昂，災異屢見。當時東寧之景況，真有如清方文告中所謂之「內亂方深，揆之天時人事兩端，不可不為敗亡之兆」。

在東寧政爭日亟之時，清方則正整備軍隊，準備對鄭氏政權做殲滅性的征伐。永曆三十五年，閩督姚啟聖與巡撫吳興祚，保舉施琅為福建水師提督，開始部署戰備。十月，雲南的吳世璠身亡，三藩之亂完全敉平，清朝得以全力對臺用兵。這時鄭克塽麾下只有劉國軒與馮錫範，差堪擔當防務，於是以劉國軒為總督守澎湖，馮錫範為左提督守鹿耳門，勉強擺出應戰陣營。

永曆三十六年，兩軍隔海對陣的情況更形緊張。但臺灣之防禦能力，卻更形窘迫，軍需財政，愈感不支，而以横徵苛斂為裕餉的辦法，開征「厝餉」、「車稅」、「毛丁」等名目，人民不堪其苦；天旱糧荒，五穀欠收，米價騰貴，民食困難；徵鄉兵為伍，土著供役，亦不堪其苦，時有變亂。最重要的還有施琅不斷運用各種手段，打擊鄭軍士氣，大量誘致離心份子。鄭軍顯得鬥志渙散，大有應風而倒之勢。

但施琅方面，卻積極備戰，士氣高昂。永曆三十六年二月，施琅上「密陳專征疏」謂：「臣思滇黔弄兵，悉皆底定，惟有臺灣四十餘年殘孽逋（ㄅㄨ bū）誅未殲，致廑（ㄑㄧㄣˊ qín）聖懷。臣敢不殫心籌劃，滅此朝食！」大有非置鄭氏於死地不可之勢。

其時，閩督姚啟聖恐施琅獨占功勞，對施琅多方牽制，而使施琅發兵攻臺的時間一再延誤。永曆三十六年十月，施琅終於獲得朝廷給予專征之權，於是在翌年六月十一日以戰船三百艘，兵力二萬會師於銅山，十四日舟發銅山至澎湖。鄭、清間的最後決戰於焉爆發。

最後一幕

永曆三十七年六月十四日，施琅所率的征臺大軍自銅山出發，十五日晨抵達八罩嶼（今澎湖縣望安鄉）海外。澎湖守將劉國軒部將建議，乘施琅艦隊遠來安澳未定之際，進行突擊；劉國軒卻以為六月為颱風季節，應以逸待勞。

十六日，清軍攻澎湖，鄭軍小勝，劉國軒更是輕敵。十七日，施琅重新整編船隊，改採數船聯結一隊攻鄭軍一船的戰法（即梅花陣法），企圖發揮數量上之優勢。二十二日，施琅傾全力猛攻，以其六子世驃率艦五十艘，攻雞籠嶼、四角山，又令七子世驛以五十艘艦攻牛山澳。餘分舟師為八隊，每隊七船，直入娘媽宮。最初，清軍逆風，作戰困難，鄭軍占上風，但不久風雷大作，轉為南風，清軍得風之助，士氣大振。清軍以優勢戰艦，對鄭艦採取包圍殲滅戰術，鄭艦損失殆盡，國軒見諸軍幾乎全滅，知事不可為，乘小船經吼門遁回東寧，澎湖遂陷。

澎湖一失，東寧人心大亂，克塽召開戰守會議，文武各官或主和或主戰，立論不一。這時施琅派劉國軒舊部前來東寧招降，劉國軒堅決主降，遊說主張退走呂宋的馮錫範說：「公操持不定，當此之際，尚且狐疑。倘一朝變起蕭牆，將奈何？從來識時務者為俊傑。大事已去，當速順天！」

鄭克塽受到國軒之影響，同意投降，但他希望削髮稱臣之後，仍能世守臺灣。閏六月初八日，遣禮官鄭平英、賓客司林維榮捧降表至澎湖詣施琅請降，施琅對於鄭氏仍請世守臺灣，表示不能同意：「此議者在澎湖未戰之先，傾心向化，本軍門自當與督、撫合疏題請，今門戶已破，勢窮事逼，始著爾等前來求撫，明係詭譎，非出真誠。況本軍門奉命專征進剿，汝主果有真心，當令劉武平（劉國軒）、馮忠誠（馮錫範）二人親詣軍前，將臺灣人民、土地悉入版圖，候旨定奪。如有別意，惟有誓師而已！」顯然鄭氏欲求偏安海隅亦不可得了。

七月十一日，鄭克塽終於派遣馮錫範胞弟錫圭、錫韓，劉國軒胞弟國昌等人捧降表向施琅請降。降表曰：

為舉國內附，仰冀聖恩事。竊臣生自海邦，稚懵（ㄇㄥˊ méng）無識；謬繼創垂之緒，有乖傾向之誠。邇者樓船西來，旌旗東指，簞壺緩迎於周旅，干羽煩舞於虞階。自省重愆，誠為莫贖。然思皇靈之赫濯，信知天命有攸歸。逆者亡，順者昌，乃覆載待物之廣大；貳而討，服而舍，諒聖王與人之甚寬。用遵往時之誠命，爰邀此日之殊恩。冀守宗祧（ㄊㄧㄠ tiāo）以勿失，永作屏翰於東方。業有降表具奏外，及接提督臣施琅來書，以復居故土，不敢主張。臣思既傾心而向化，何難納土以輸誠！茲特繕具表章，並延平王印一顆，冊一副及武平侯臣劉國軒印一顆，忠誠伯臣馮錫範印一顆，敬遣副使劉國昌、馮錫韓齎赴軍前，繳奏版籍、土地、人民，待命境上。數千里之封疆，悉歸土宇；百餘萬之戶口，並屬版圖。遵海而南，永息波濤之驚；普天之下，均沾雨露之濡。實聖德之漸被無方，斯遐區區襁負恐後。獨念臣全家骨肉，強半孺呱。本係南人，不諳北土。合無乞就近閩省地方，撥賜田莊、廬屋，俾免流移之苦，且獲養贍之資，則蒙高厚之生成，當誓丹青以啣結。至於明室宗親，格外優待；通邦士庶，軫念綏柔。文武諸官，加恩遷擢；前附將領，一體垂仁。夙昔結怨，盡與捐除；籍沒產業，俱行賜復。尤當廣推寬大之仁，明布維新之令。使夫群情允愜，共鼓舞於春風；萬彙熙恬，同泳游於化日。斯誠微臣無厭之請，邀望朝廷不次之恩者也。為此激切具本奏聞，伏候敕者。

十九日，施琅遣侍衛吳啟爵至臺曉諭薙髮，收繳冊印。二十日，克塽令兵民遵制削髮。八月十三日，施琅應劉國軒之請入臺，鄭克塽率文武官佐薙髮歸誠，當時在臺之明朝宗室寧靖王朱術桂與其妃嬪自縊殉國外，監國魯王世子朱桓、瀘谿王朱慈濵、巴東王朱江、樂安王朱浚、舒城王朱熺、奉南王朱熺、益王宗室朱鎬等皆降。

鄭氏在臺二十三年的事業，就此落幕。

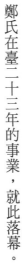

十、歸入版圖

臺灣的棄留施家

永曆三十七（康熙二十二）年八月十三日，施琅應明鄭部將劉國軒之請，入東寧接受鄭克塽的投降，接著於一六八三年八月二十二日祭鄭成功之靈。二十三日起，施琅率興化總兵吳英與劉國軒，踏查臺灣南北路，了解山川土宜和民情之後，留下吳英，將守臺之責暫時交付他，自己則班師回廈門。

施琅回廈門之後，清廷內部對於新征服的臺灣，到底如何處置，意見不一。對清朝而言，征服臺灣的鄭氏勢力，最主要的意義，在於消滅一個反對勢力，至於遠在海外的臺灣，是否收入版圖，並不是很重要的事。甚至，有人主張將在臺之漢人，悉數遷回內地，根本放棄臺灣，有人卻又認為臺灣「留雖無益，棄又有害」，大家意見相當分歧。施琅則堅持主張必須將臺灣收為版圖，獨排眾議地提出一篇有名的〈臺灣棄留疏〉：

竊照臺灣地方，北連吳會，南接粵嶠，延袤數千里，山川峻峭，港道迂迴，乃江浙閩粵四省之左護。臣奉旨征討，親歷其地，備見野沃土膏，物產利溥，耕桑並耦，魚鹽滋生；硫磺、水藤、糖蔗、鹿皮，以及一切日用之需，無所不有。向者所少者布帛者，茲則木棉盛出，經織不乏，且舟帆四達，絲縷踵至，飭禁雖嚴，終難杜絕。實肥沃之區，險阻之域。逆孽乃一旦凜天威懷盛德，納土歸命，此誠天以未闢之方輿，資皇上東南之保障，永絕邊海之禍患，豈人力所能致！

夫地方既入版圖，土番、人民皆屬赤子，善後之計，尤宜周詳。此地若棄為荒陬，復置度外，則今臺灣人民稠密，戶口繁息，農工商賈，各遂其生，一行徙棄，安土重遷，失業流離，殊費經營，實非長策。況以有限之船，渡無限之民，非閱數年，難以報竣。使渡載不盡，苟且塞責，則該地之深山窮谷，竄伏潛匿者，實繁有徒，和同土番，從而嘯聚，假以內地之逃軍閃民，急則走險，糾黨為祟，造船製器，剽掠沿海；此所謂藉寇兵而齎盜糧，固昭然較著者。甚至此地原為紅毛聚處，無時不在誕貪，亦必乘隙以圖。一為紅毛所有，則彼性狡黠，所到之處，善能鼓惑人心。重以夾板船隻，精壯堅大，從來乃海外所不敵。未有土地可以托足，尚無技倆，若依此既得數千里之膚腴，復付依泊，必合黨夥，竊窺邊場，迫近門庭。此乃種禍後來，沿海諸省，斷難晏然無慮。至時復動師遠征，兩涉大洋，波濤不測，恐未易再見成效。

如僅守澎湖而棄臺灣，則澎湖孤懸汪洋之中，土地單薄，界於臺灣，遠隔金廈，豈不受制於彼，而能一朝居哉？是守臺灣，則所以固澎湖，臺灣、澎湖一兼守之。沿邊水師，汛訪嚴密，各相犄角，聲氣關通，應援易及，可以寧息。況昔日鄭逆所以得負抗逋誅者，以臺灣為老巢，以澎湖為門戶，四通八達，游移肆虐，任其所之；我之舟師，往來有阻。今地方既為我得，在在官兵，星羅碁布，風期順利，片帆可至。雖有奸萌，不敢復發。臣業與部臣蘇拜、撫臣金鋐等會議之中。部臣、撫臣未履其地，去留未敢進決，臣閱歷周詳，不敢遽議輕棄者也。

伏思皇上建極以來，莫不臣服，以斯方拓之土，奚難設守，以為東南數省之藩籬？

且海氛既靖，內地溢設之官兵，盡可陸續汰減，以之分防臺灣、澎湖兩處。臺灣設總兵一員，水師副將一員、陸師參將二員、兵八千名；澎湖設水師副將一員、兵二千名。通計一萬名，足以固守，又無添兵增餉之費。其防守總兵副、參、遊等官，定以三年或二年轉升內地，無致久任，永為成例。在我皇上優爵重祿，推心置腹，大小將弁，誰不勉勵竭忠？然當此地方初闢，該地正賦、雜餉，殊宜蠲豁。見在一萬之兵食，權行全給。三年後開徵，可以佐需。抑亦寓兵於農，亦能濟用，可以減省，無庸盡資內地之轉輸也。

蓋籌天下形勢，必求萬全。臺灣一地，雖屬多島，實關四省之要害。勿謂彼中耕種，猶能少資兵食，固當議留。即為不毛荒壤，必藉內地輓運，亦斷斷乎不可棄。臣思棄之必釀成大禍，留之誠永固邊圉。

施琅在這篇奏文當中，除了說明臺灣地理位置優越，物產富饒之外，還指出徙民遷界之實際困難，而最重要的是分析棄臺之後，臺灣將再成為不逞之徒或外夷的根據地，對東南四省造成禍害。

由於施琅的努力，清廷終於在康熙二十三年在臺灣設一府（臺灣府）三縣（諸羅縣、臺灣縣、鳳山縣），隸屬於福建省。於是乎，臺灣正式納入中國的版圖。

閩臺第一家

從主張渡海征伐鄭氏，到堅決主張將臺灣收入版圖，施琅都是一個積極而堅決的人物。他與鄭氏的恩怨，以及對臺灣的高瞻遠慮，在歷史上交織成一幅複雜的圖像。

施琅，字琢公，福建晉江人。唐王立於福州時，受封為左先鋒為鄭芝龍部將。鄭芝龍降清後，施琅與其弟施顯投靠鄭成功。施琅善於用兵，為成功手下大將，頗有戰功。後來因懲治一名手下，與成功衝突，成功竟然殺其父弟，施琅幸得逃脫，並誓言報復。自此以後，施琅即成鄭氏心腹之患。

施琅被迫離開鄭營之後，改投清軍，授為同安副將，不久升為總兵。康熙元（西元一六六二）年，升為水師提督，翌年（西元一六六三年），再加右都督。康熙四（西元一六六五）年，掛靖海將軍印。在這段時間裡，施琅屢次請求征討臺灣的鄭氏，但當時鄭氏剛退走臺灣，清廷也有意將之逼於臺灣一隅，並無渡海征伐的意思，於是召施琅入京，裁撤水提督，盡焚戰船，表示無意興兵，與在臺之鄭氏政權成隔海對峙之局。

康熙二十年，大學士李光地上言應利用鄭克塽年幼，內部爭權傾軋時攻臺，並與閩浙總督姚啟聖共同推薦施琅主其事。於是施琅再被任為福建水師提督，加太子太保。施琅到任後，便積極簡練水師，做各種征臺之準備。

康熙二十二（西元一六八三）年，施琅獨排眾議，主張利用南風攻澎湖，於是在六月十四日率大軍自銅山出發，二十二日陷澎湖，鄭氏守澎部將劉國軒退入臺灣。八月中旬，施琅進入臺灣。

施琅到臺灣之後不久，便備辦刑牲祭告於鄭成功靈前。這個曾經是鄭成功部將，如今卻是清朝征臺主事者的勝利將軍，在此演出了英雄相惜的戲劇性一幕。據說他在鄭成功靈前的這一幕是這樣的，他讀了一篇情辭盡致的祭告辭：

自同安侯（指鄭成功之父鄭芝龍）入臺，臺地始有居民。逮賜姓（指鄭成功）啟土，世為巖疆，莫可誰何？今琅賴天子之靈、將帥之方，克有茲土。不辭滅國之罪，所以忠朝廷而報父兄之職分也。但琅起卒伍，於賜姓有魚水之歡，中間微嫌，釀成大戾，琅於賜姓，剪為讎敵，情猶臣主。蘆中窮士，義所不為。公義私恩，如是而已！

然後「言畢淚下」。

在施琅心裡，在主張征臺到親手覆滅鄭氏政權的過程中，無疑是有很多互相糾結的恩義情仇的，連雅堂先生對於施琅滅鄭的作為，也不忍苛責，他對於施琅滅鄭的論評是這樣的：「施琅為鄭氏部將，得罪歸清，遂藉滿人以覆明社，忍矣！琅有伍員之怨，而為滅楚之謀，吾又何誅？」但對於鄭氏內部無人能挽狂瀾於既倒，則感嘆道：「獨惜臺無申胥，不能為復楚之舉也。悲夫！」

施琅因征臺之功，被賜為靖海侯，世襲罔替，仍管水師提督事。康熙三十五（西元一六九六）年三月，逝於任所，享年七十六，清朝政府追贈太子少傅，賜祭葬，諡「襄壯」。雍正十年，下詔祀於賢良祠，可說集聲望榮華於一身。

施琅的兒子們也都受到清朝特別的恩寵。其第六子施世驃與臺灣的關係也非常密切。世驃，行伍出身，隨其父施琅伐澎湖有功，以後更積功升至總兵，康熙四十七（西元一七〇八）年升廣東陸路提督。五十一（西元一七一二）年調福建水師提督。六十（西元一七二一）年夏五月，朱一貴起兵臺灣，不旋踵間便攻陷府城，自稱中興王。世驃接獲臺灣有變之消息後，立即自率師船至澎湖防堵，不久閩粵總督滿保檄南澳鎮總兵藍廷珍率師來會，六月清軍進入鹿耳門，反攻朱一貴所據之臺灣府城，朱一貴敗走。

施世驃在朱一貴亂事之際，率先發兵往討，甚至於九月間病逝於軍旅中，使他得到清朝盛大的封賞，追贈太子太保，賜祭葬，謚「勇果」。

施家兩代，不但替清朝將臺灣收入版圖，而且在三十年後臺灣發生反亂時，又再一次替清朝將亂事平定，六十年間始終是清朝官員當中，有關臺灣的最大功勞者。這不但使施家成為清初閩南地方最顯赫的官家，也使施家在臺灣有龐大的產業利益。澎湖和臺灣南部便有不少土地均歸施家收租，稱為「施侯租」。

施家在臺灣累積的軍功，不但可使自己擁有大量的田園產業，而且憑著官家之勢力和對臺灣之了解，也使得大量之閩南施家宗族成員，紛紛來臺墾殖。康熙末年，在臺灣中部開鑿施厝圳（又稱八堡圳），富甲一方的施世榜便是其宗族，施世榜所開鑿的八堡圳，從每年可徵水租數萬石，便可想像其規模之一斑。

十一、防臺而治臺的政策

渡臺禁令

由於施琅的竭力奔走和苦心擘劃，不服清朝統治的臺灣鄭氏政權被消滅了，再由於施琅的據理力爭，清朝改變放棄臺灣的初衷，將臺灣收入版圖，設置了郡縣。但對於清朝來說，這一連串的事件，最重要的意義是將一個為患多年的反對勢力給消滅了，至於是否積極、進取地開發臺灣，卻不是清朝官方所關心的。當時的康熙皇帝甚至說：「臺灣僅彈丸之地，得之無所加，不得無所損。」

經過施琅努力之後收入版圖的臺灣，在一般清朝官員的眼中，仍是一個容易製造事端的地方，即「臺灣乃海外孤懸之地，易為奸宄（ㄍㄨㄟˇ guǐ）逋逃之藪，故不宜廣闢土地以聚民」。對於已在臺灣生活下來的「流寓之民」，也主張加強管束。康熙二十二（西元一六八三）年頒布「臺灣編查流寓六部處分則例」規定：

臺灣流寓之民，凡無妻室產業者，應逐回過水，交原籍管束；其有妻子產業，願繼續居住臺灣者，該府縣即移知原籍，申報臺廈道稽查，仍報明督、撫存案。若犯徒罪以上者，不論妻室產業有無，概行押回原籍治罪，不許再行越渡。

不但清朝官方對在臺人士，採取編查預防措施，即使一向採取積極態度的施琅，也於康熙二十三（西元一六八四）年主張限制大陸沿海居民赴臺，他說：「邇來貿易船隻，叢雜無統，積年貧窮、游手、罔作者實繁有徒，乘此開海公行出入汛口，……恐至海外誘結黨類，蓄毒釀禍。」因此，清廷頒布了三條渡臺禁令：

一、欲渡船臺灣者，先給原籍地方照單，經分巡臺廈兵備道稽查，依臺灣海防同知審驗批准；潛渡者嚴處。

二、渡臺者不准攜帶家眷；業經渡臺者亦不得招致。

三、粵地屢為海盜淵藪，以積習未脫，禁其民渡臺。

清朝領有臺灣之初，即如此一方面編查臺地現有流寓人口，一方面制定防範東南沿海人民大量來臺、在臺生根之禁令，其目的在使臺灣不成為「奸宄逋逃之藪」。伴隨著渡臺禁令，清朝官方對於違禁偷渡的取締也非常嚴厲，從失職官員到客頭、船戶和偷渡者都要受到處罰。官方經常重申處罰的罰則。例如：

「拿獲偷渡過臺人犯時，訊明由何處開始，以失察水汎及本地文武官，照失察姦船出入海口例議處（無論人數多寡，失察攜眷偷渡者，降二級；失察隻身偷渡者，降一級；知情隱匿不報者，革職）。」

「拿獲逸犯、逃遺竄入臺灣時，訊明沿海陸路，由何處出口，藏匿何處？議處失察出人員弁（降二級）及失察匿藏地方員弁（降一級）。若知情實，放窩藏者，革職治罪。」

「如有充當客頭，在沿海地方引誘偷渡之人，為首者充軍；從者杖一百徒三年；互保船戶及歇寓知情容允者，杖一百枷一個月；偷渡之人，杖八十遞回原籍；文武官失察者，分別議處。」
「沿海村鎮有引誘客民過臺數在三十人以上者，壯者新疆為奴，老者煙瘴充軍。」
「內地商人置貨過臺，由原籍給照，如不及回籍，則由廈防廳查明，取保給照。該廳濫發，降三級調用。」

清朝官方雖然三令五申，但富庶的臺灣對當時苦於人多地少的東南沿海人民來說，無異是一個充滿希望的新天地。因此，仍然有大量的東南沿海居民，或買通守口員弁，或無視禁令，偷渡出境。

對於當時來臺的東南沿海居民來說，渡海來臺，首先必須突破官方的禁令——不管合法還是非法——，其次便是要與臺灣海峽的風險賭命。阻隔於大陸、臺灣之間的海域，自古便是有名的天險，尤其澎湖附近的「黑水溝」，被稱為「落漈」，更不知斷送了多少東南沿海的好漢。可說是又一個海禁。

清初來臺的東南沿海居民，便是在官方的海禁和天然的海險雙重阻隔下，憑著堅強不屈的體力和意志渡海來臺的。因此，唐山過臺灣的路程上是充滿艱苦和辛酸。

千方百計的偷渡者

在清朝官方嚴厲的禁令之下，除了少數取得照單合法渡臺者之外，大部分的渡臺者都是違犯禁令的偷渡者。

有人使用偽造的官府照單，有人冒充商船水手，有人藏匿於商船、官船中潛渡，有人買通守口官員私放……偷渡的方法花樣百出，不一而足，但都是賭命的冒險行動。

當時有一種人叫做「船頭」，專營私載人民出海，他們將大船停在外海，夜間用小船至岸邊載人接駁上船，至臺灣外海再由小船接駁偷渡上岸。但「船頭」有不少是不肖之徒，因此不少人不但損失財物而且賠上性命，根據當時地方官的報告，渡海的過程中有種種慘況。每一種慘狀都按上一個名堂：

內地窮民在臺營生者數十萬，囊鮮餘積，旋歸無日，其父母妻子俯仰乏資，急欲就養，格於例禁，群賄船戶，冒頂水手姓名掛驗；女眷則用小漁船夜載出口，私上大船。抵臺復有漁船乘夜接載，名曰「灌水」。一經汎口覺察，奸梢照律問律，固刑當其罪；而杖逐回籍之愚民，室廬拋棄，器物一空矣。更有客頭串同習水積匪，用溼漏小船收載，數百人擠入艙中，將艙蓋封釘，不使上下，乘黑夜出洋。偶遇風濤，盡入魚腹。比到岸，恐人知覺，遇有沙汕，輒趕騙離船，名曰「放生」。沙汕斷頭距岸尚遠，行至深處，全身陷入泥淖中，名曰「種芋」。或潮流適漲，隨波漂溺，名曰「餌魚」。

在經過出口官弁、海上風濤之後，偷渡來臺的人還可能面臨「放生」、「種芋」、「餌魚」的考驗，即使倖免不喪身海中，在臺灣上陸後還要躲過官吏的緝捕。對於這些千辛萬苦冒著生命的危險終於來到臺灣的人，最後還是被緝捕杖逐回籍的可憐人，康熙末年的藍鼎元曾有〈偷渡詩〉記其辛酸：

累累何為者？西來偷渡人。
鋃鐺兼貫索，一隊一辛酸。
嗟汝為飢驅，登岸禍及身。

汝愚乃至斯，我欲泪沾巾。
哀哉此厲禁，犯者仍頻頻。

雖然如此，還是有源源不斷的偷渡人口。這些偷渡人口當中有不少是來投靠已經在臺的親友。原來，清朝嚴格取締偷渡之後，不但內陸人不能出海來臺灣，即使在臺灣開墾已有產業的人，再也不能輕易回內地，因為一回內地之後是否能再順利來臺，便大有問題了，為了不放棄臺灣已有的家業，只好招集在內地的親人來到臺灣。另外，清朝官方禁絕內地人民攜帶家眷來臺，原來打著限制人民赴臺利器的如意算盤；不料赴臺者禁不勝禁，而來臺開墾者必是千方百計接眷來臺。於是這條禁令便成了徒然增加接眷的困難，讓走私不法之徒賴以發財的保障。

清朝的地方官面對不斷違禁偷渡的東南沿海居民，既防不勝防，捕不勝捕，也大為頭痛。於是，不少地方官先後向朝廷反映，現實上讓在臺民人返籍遷眷的必要性，甚至主張應規定單身男子不能來臺，必須攜有家眷才能發給照單令其來臺。例如，藍鼎元便主張：

客莊居民，從無眷屬，合各府各縣數十萬之傾側無賴，遊手群華其中，無室家宗族之繫累，欲其無不逞也難矣！……鄙意以為宜移文內地，凡民人欲赴臺耕種者，必帶眷口，方許給照載渡，編甲安插；臺民有家屬在內地，願搬渡臺完聚者，許具呈給照赴內地搬取，文武口汛不得留難。凡客民無家眷者，在內地則不許渡臺；在臺有犯，務必革逐過水，遞回原籍。有家屬者雖犯，勿輕易逐水。則數年之內，皆立室家，可消亂萌。

藍鼎元的理論，便是希望在臺之人，都能搬眷入臺，政府便能將之「編甲為良」，那麼「人人有家室之累，謀生念切，自然不暇為非。」

這種地方官主張放鬆渡臺禁令——准予攜（搬）眷入臺——的呼籲，幾乎每幾年便有一次，其原因不外是無法盡絕源源不斷的偷渡人民。乾隆二十五（西元一七六〇）年，福建巡撫吳士功對內地民人不斷偷渡有比較清晰的認識：

……臺灣府屬……居其地者，均係閩、粵二省濱海州縣之民。從前俱於春時往耕，西成回籍，隻身去來，習以為常。迨後海禁漸嚴，一歸不能復往。其立業在臺灣者，既不能棄田園，又不能搬移眷屬，另娶番女，恐滋擾害。……向之子身飄流過臺者，今已墾闢田園，足供俯仰矣！向之童稚無知者，今已少壯成立，置有產業矣！若棄之而歸，則失謀生之路；若置父母妻子於不顧，更非人情所安，故其思念父每，繫戀妻孥，冀圖完聚之隱衷，實有不能自已之苦情。以致急不擇音，甘受奸梢之愚弄，冒險偷渡，百弊叢生。

他認為解決之道仍然在於准許在臺者搬眷，他也一樣認為「安分良民，既已報墾立業，有父母、妻子之繫戀，有仰侍俯育之辛勤，自必顧惜身家，各思保聚。」

就在這些地方官大肆呼籲，成家比單身更有助於維護社會秩序的理念之下，清朝官方於一時豁然貫通之餘，曾數度准許內地民人攜（搬）眷入臺。但一般而言，清朝官方的立場仍然是不積極鼓勵民間到臺灣來墾殖，一直要到同治十三年「牡丹社之役」以後，沈葆楨來臺辦理防務，鑒於內外情勢，才推翻一切舊有之禁令，積極推動「開山撫番」之政策。

不被信任的子民

對於臺灣的統治和開發，清朝官方除了對內地人之來臺，制定各種嚴厲的禁令外，對於臺灣島內的統治也顯示強烈的防患性質，總以防制臺灣成為亂源為主要著眼點。

清廷不准在臺居民深入山地，這種政策表面上似乎在保護土著民，免得為漢人所欺，以致引起大規模番漢衝突；其實真正意圖在於擔心在臺居民入山據險為亂，尤其在康熙六十（西元一七二一）年朱一貴起事時，北路阿里山、水沙連各社，曾殺通事起叛，而且朱一貴黨徒也常出沒於「番界」，據險騷擾，於是清朝強烈認為應劃界遷民，將臺灣、鳳山、諸羅三縣山中居民，盡行驅逐，房舍盡行拆毀，各山口俱用巨木塞斷，不許一人入山。山外以十里為界，凡附山十里內民家，俱遷他處，田地任其荒蕪，自北路起至南路止，築土牆高五六尺，深挖濠塹，永為定界。又以瑯嶠偏遠，為藏奸之所，房屋人民皆應燒毀而人民一體驅逐，不許再興田園，往來砍柴。這是當年海禁政策的陸地版，二千年中國官僚的智慧盡萃於斯！後來因認為遷民事關重大，於是縮小禁區，僅劃界立石，嚴禁偷越，南起放綀社（今屏東縣森邊鄉水利村）北迄蛏仔嶼口（今臺北縣汐止鎮），均豎石立碑為界，禁民人越入，並且棄瑯嶠，遷其民荒其地。

清廷也一再重申封山禁令，對於違禁越界事件的官民都有很重的罰則：

> 人民私入番境者杖一百；如在近番處所抽藤、釣鹿、伐木、採棕者，杖一百，徒三年；偷越運貨者，專管官失察降調，該管上司罰俸一年；人民不得與番民結親，違者離異治罪，地方官參處。

清朝官方對於臺灣的防患，還表現在對於鐵器的管理，和不許臺灣建築城垣、實行班兵制度等方面。

清朝官方為了防止民間私藏武器，長期限制將生鐵和鐵器輸入臺灣，臺灣人民也不准自由私造鐵器，鼓鑄鍋皿、農具的人，必須向政府申請，由政府給照，稱為「鑄戶」，全臺才只有二十七家。其鐵由漳州採買，私販者治罪。另外，臺灣產竹，清朝政府怕竹竿成為騷亂的工具，也禁止臺灣竹竿出口。可見清朝官方對臺灣防患之嚴。

朱一貴起事後，地方官奏請朝廷在臺灣仿內地府縣建築城垣之例，建築防衛性的府縣城，但雍正皇帝認為在臺灣建城不但不能防亂，而且反而會成為亂黨的堡寨，他說：「城垣之設，所以防外寇……而臺灣變亂率皆自內生，非禦外寇比，不但城可以不建，且建城實有不可！」所以，臺灣的府縣城初期都只是種竹為城，並無瓦垣，直到乾隆末年林爽文亂後，才逐漸在臺灣建築堅固的城牆。

清朝領有臺灣以後，調漳州、汀州、建寧、福寧、海壇、金門、福州、興化、延平、閩安、邵武等地營伍，抽調兵丁共十六營一萬四千餘人守臺。這些戍臺的兵丁都是從各地抽派而來合併成軍，臨時命官統領，每三年調防回內地歸建；統帥的總兵官、副將、參將、遊擊、都司、千總、把總也都規定，二年或三年期滿，就調回內地候缺升補。統兵官和兵丁都不准攜眷來臺，兵丁出缺也不准在臺就地增補，這便是所謂的「班兵」制度。

清朝設置班兵制度的理由之一，是恐怕在臺的備戍、軍力，成為海外不易節制的脫韁勢力，所以不但是兵員來自各方，兵將也各不相習。而且加上三年輪調的制度，使軍隊的任期內，有一半的時間花費在移防的旅途上，根本不能發揮應有的戰鬥力，每遇有重大亂事，總必須藉助從內地調來的專征軍隊。到了清代晚期，則必須借助臺灣的義勇、團練武力。

班兵不但戰鬥力薄弱，而且軍紀敗壞，是臺灣社會當時很大的毒瘤。軍隊中的吃空缺現象也非常嚴重，所以到了清朝中期以後，便有人主張改革臺灣軍制，在臺就地募兵補缺。但這樣的意見，也沒有被正式採用，因為這完全違背當初設置班兵制度，防制臺灣尾大不掉的原意。連道光時期號稱治臺名臣的姚瑩，都明白反對這種在臺募兵補缺的意見：

臺灣一鎮……匪特三年之中，分起輪班、出營收營、紛紛點調之煩，配坐哨船或商船，重洋風濤，歲有漂溺之患，而且戍臺之兵，既有兵糈（ㄒㄩ xū），又有眷米，歲費正供數十萬石。何所取而必為之哉？蓋嘗推源其故，竊見列聖謨猷深遠，與前人立法之善，而不可易也。……自朱一貴、林爽文、陳周全、蔡牽諸逆寇亂屢萌，卒無兵變者，其〔兵將〕父母妻子皆在內地，懼干顯戮，不敢有異心也。前人猶慮其難制，分布散處，錯雜相維，用意至為深密。今若罷止班兵，改為召募，則以臺人守臺，是以臺與臺人也。沒有不虞，彼先勾結，將帥無所把握，吾恐所憂甚大，不忍言矣！

從姚瑩的反對意見中，不難看出當初清朝官方對臺灣的防患真是深謀遠慮。

因此，有人認為在「牡丹社之役」之前，清廷對臺灣的基本態度是「為防臺而治臺」，毫無積極開發經營的打算；相反的，東南沿海民間謀取生計的活力卻排山倒海，突破清朝官方的禁令，積極地湧入臺灣，成為開發、經營臺灣的推動力量。

十二、活潑旺盛的民間活力

源源不斷的渡海者

雖然清朝官方之禁令極嚴厲，臺灣海峽之天險也很恐怖，但對「山多田少，人稠地狹」的閩、粵地區人民來說，臺灣無異是個遍地黃金的天堂。清初的很多記載，都盛讚臺灣土肥泉甘的情形：

土地肥沃，不糞種，糞則穗重而仆，種植後聽其自生，惟享坐穫，每每數倍內地。

（《赤嵌集》）

三縣（臺灣、鳳山、諸羅）皆稱沃壤，水土各殊……然必晚稻豐稔，始稱大有之年，千倉萬箱，不但本郡足食，並可資贍內地。……（《赤嵌筆談》）

所以「漳泉內地無籍之民，無可耕之田，無可傭之工，無可覓之食，一到臺地，上可致富，下可溫飽，一切農工商賈以至百藝之末，計工授值，比之內地，率皆倍蓰。」因為臺灣有如此豐富的農業生產力，才能吸引東南沿海的人源源不斷地突破禁令，冒險渡海來臺，成為開發臺灣的偉大力量。

在清朝剛領有臺灣的康熙二十年代（西元一六八〇年代），開墾的地區集中在臺南周邊，鳳山、諸羅還是未十分開發的「毒惡瘴地」，因此據說兩縣的官吏也都僑寓臺灣府城（西元一八八七年後亦稱臺南府城），不敢到任所去。康熙三十六（西元一六九七）年，郁永河來臺採硫時，也說：「自斗六門以上至淡水，均荒蕪之區，林木遮天，荊棘丈餘，麋鹿成群，為漢人足跡所不到。」

到了康熙四十三（西元一七〇四）年墾殖的範圍，已越過斗六門以北。康熙四十九（西元一七一〇）年，墾殖的範圍，又越過半線（今彰化）、大肚溪以北，「此後流移日多，乃至南日、後壠、竹塹、南嵌，所在而有」。

康熙三十六（西元一六九七）年郁永河來臺時，形容竹塹（今新竹）是「真狐貉之窟，非人類所宜至」，但十餘年後的《赤嵌筆談》則說：「昔年近山皆為土番鹿場，今則漢人墾種，極目良田。」

臺北方面，郁永河來臺時，居民稀少，十餘年後也開始有福建人聚落出現，到了康熙末年，大加蚋堡（今臺北市西園一帶）、淡水都已儼然成為一大部落了。南部的下淡水溪流域，也開始有粵籍移民前來墾殖，不久就出現了「大小村落星羅棋布」的景象了。

康熙末年來臺參與討伐朱一貴之役的藍鼎元就說：「國家初設郡縣，管轄不過百餘里，距今未四十年，而開墾流移之眾延袤二千餘里，糖穀之利甲天下。」他認為這是抵擋不住的蓬勃的民間活力：「過此再四五十年，連內山山後野番不到之境，皆將為良田美宅，萬萬不可遏抑。……今北至淡水、雞籠（今基隆），南盡沙馬磯頭（今恆春半島），皆欣然東郊，爭趨若鶩，雖欲限之，惡得而限之？」

大概從康熙、雍正之世（西元一七三〇年前後以前），臺灣西部的平原地區（包括臺北平原、下淡水溪流域）都已經開發。

乾隆六十年間（西元一七三六年～一七九五年前後），除了仍在西部平原地區尋找隙地耕種外，逐漸擴展到丘陵地帶或肥力較差、交通不便的地帶。到了嘉慶以後（十九世紀以降）所開拓的地方，就已往東部的噶瑪蘭（今宜蘭）和埔里盆地，甚至花蓮等地區墾拓了。到「牡丹社之役」以後（十九世紀八十年代以後）則由於政府開放禁區，進入「開山撫番」的階段了。

在清代統治的大約二百年間，臺灣收納了閩、粵大量的入墾人口，根據清朝官方的統計，臺灣丁口、戶口數的數目是這樣的（當時官方之戶口統計，目的在於徵稅，故不納丁稅之婦孺、客戶單丁都不在計算之列，而且必定另有不少逃避繳稅之隱匿丁口）。

康熙二十二年（西元一六八三）

區域	戶數	口數
臺灣府	一二、七二七	一六、八二〇
臺灣縣	七、八四六	九、一二五
鳳山縣	二、四四五	三、四九六
諸羅縣	二、四三六	四、一九九

區域	戶數	口數
合計	二五、四五四	三三、六四〇

康熙五十年（西元一七一一）

區域	戶數	口數
臺灣府	一二、七二七	一八、六二七
臺灣縣	七、八四六	一〇、二九〇
鳳山縣	二、四四五	四、〇七八
諸羅縣	二、四二六	四、四五九
合計	二五、四五四	三七、四五四

嘉慶十六年（西元一八一一）

區域	戶數	口數
臺灣縣	二八、一四五	三四一、六二四
鳳山縣	一九、一二〇	一八四、五五一

嘉義縣	一二六、六二八	八一八、六五九
彰化縣	四〇、四〇七	三四二、一六六
淡水廳	一七、九四三	二一四、八三三
噶瑪蘭廳	一四、四五二	四二、九〇四
合計	二四六、六九五	一、九四四、七三七

光緒二十年（西元一八九四）

區域	戶數	口數
臺北府小計	一三一、〇五九	七六七、〇三一
淡水縣	六三、四〇七	四〇七、七五四
新竹縣	三〇、八七三	一五六、九五三
宜蘭縣	二一、四六四	一一四、〇九五
基隆廳	一五、三一五	八八、二三九
臺灣府小計	一四九、八七八	六二二、二四二

臺灣縣	四一、七二〇	二一三、四〇五
彰化縣	五八、一七八	二六一、四八二
雲林縣	二九、五七五	一一〇、六四九
苗栗縣	一六、八一四	七一、〇九二
埔里社廳	三、五九一	一五、六一四
臺南府小計	二二五、五七〇	一、一〇〇、五四三
安平縣	四八、一一九	一九六、一五三
嘉義縣	九一、二一二	四二三、六一五
鳳山縣	七三、七一九	三九三、四五六
恆春縣	三、五七五	一九、七七九
澎湖廳	八、九四五	六七、五四〇
臺東州小計	九九八	五、九一五
南鄉	一七八	七三〇
新鄉	四三〇	二、七七九

奉鄉	一六三	一、一四〇
蓮鄉	一七九	一、〇九六
廣鄉	四八	一七〇
合計	五〇七、五〇五	二、五四五、七三一

比較前列四表，可知人口成長趨勢，以從康熙到嘉慶年間，這一百年最為厲害，其人口成長率高達六十五倍！以後不到一百年，到日本據臺前夕，人口呈緩慢成長，不過也有一點三倍以上。

鋤犁俱動田園日闢

漢人進入臺灣雖然遠在荷蘭、明鄭時期即已開始，但除了臺南周邊以外，尚屬據點式的區域性開墾，移民大量湧入開墾需待清領二三十年後（即康熙四五十年間以後，十八世紀以後）。

清領之初雖即設置諸羅縣，但縣治仍設於離臺南府不遠的佳里興（今臺南縣佳里鎮），而且官吏均僑寓臺南府，可見該地尚未充分開發。康熙四十三（西元一七〇四）年，諸羅縣治遷到今嘉義地方之後，才表示該地已有相當程度的開發了，南路的開發也是如此。至於屏東地區的開發，更要到嘉慶年間（大約西元一七九六年～一八二〇年）才稍具規模。恆春地區的開發則在「牡丹社之役」之後，即西元一八八〇年左右才積極地展開。

北路的雲林、彰化、臺中、新竹甚至臺北地區的開發，大致在乾隆年間（西元一七三六年～一七九五年代）普遍地展開來。對應這種開發的進展，清朝官方於乾隆四十九（西元一七八四）年增闢八里坌（今淡水對岸）和福州五虎、鹿港和泉州蚶（ㄏㄢ hān）江的航路。

到了嘉慶年間（十九世紀前三十年間），漢人移民逐漸進墾東北部的宜蘭和山地的埔里地區。沈葆楨實行的「開山撫番」政策之後，南部的恆春地區、東部的花蓮、臺東地區，才成為漢人墾殖的新範圍。

宜蘭地區和埔里地區的開發，可為漢人入臺開墾方式的代表例子。因此，特別稍加介紹。

宜蘭地區，舊稱「蛤仔難」、「甲子蘭」或「噶瑪蘭」，都是土著語的音譯。西班牙人雖曾來過，但並未在此落腳墾種，乾隆年間也有來自淡水的漢人入墾，但為土著所殺，此後便無人前來開墾。直到乾隆末年，原居三貂嶺的漳浦人吳沙，尚義好俠，經常以鹽、布進入噶瑪蘭與土著交易，頗得土著信任。吳沙同時也收容前來投靠的流民，使他們入山採伐，清朝官方曾予羈縻。林爽文為亂之際，吳沙協助防堵林爽文餘黨，頗得地方官信任，曾借機要求入墾噶瑪蘭地方，但遭福建巡撫反對。

但吳沙仍然積極以私人之力招集漳、泉、粵三籍民人開墾，並以醫療土著疾病取得土著的信任，作為入墾的基礎。嘉慶元（西元一七九六）年，在烏石港附近築土堡頭圍（今宜蘭縣頭城鄉），編組鄉勇，訂立鄉約，作為入墾噶瑪蘭平原的前哨站。其間吳沙多次向官府呈請認可這種開墾行為，均被官方以「該處係界外番地，人跡罕到，恐難稽查，致滋釁（ㄒㄧㄣˋ xìn）端」為由批駁。吳沙在宜蘭地區的開墾事業，截至他臨死之前，都未能得到清朝官方的認可。

吳沙死後，其姪吳化繼承其事業，將開墾範圍推進至羅東地區，宜蘭地區的平野部分已開發殆盡。這時候因海寇蔡牽、朱濆（ㄆㄣ pēn）先後進犯噶瑪蘭蘇澳，清朝官方才正視宜蘭的問題，加上臺灣知府楊廷理的力爭，吳沙、吳化所領導的宜蘭開墾行為，才於嘉慶十四（西元一八〇九）年得到清朝政府的追認。嘉慶十七（西元一八一二）年正式設噶瑪蘭廳，這時候該地已有移墾之丁男漳人四萬二千五百餘，泉人二百五十餘，粵人一百四十餘了。

埔里的開發也一樣是民間積極、官方消極。埔里四面環山，中拓平原，自成天地。乾隆年間，曾有屯丁在此開墾。嘉慶十九（西元一八一四）年，水沙連隘首黃林旺利用職務上之便利，與陳大用、郭百年等入墾。他們假扮已故土目通事，赴官府謊報土著積欠「番餉」，願將祖產水里、埔里二社土地放給漢人耕墾。黃林旺等人因此得到官方允許入墾水里、埔里二社，由於黃林旺等人入墾之逼迫，終於引起土著的反抗而時起衝突，嘉慶二十二（西元一八一七）年，清朝官府嚴令入墾漢人完全退出，並拆毀所築土城，立碑於集集、烏溪二口，禁止漢人再度侵墾，埔里社重歸土著所有。

漢人雖然因為官方之強制，暫時退出埔里地方。但不久之後，漢人又再度聚集入墾，而且土著因迫於漢人之侵墾，也願意將土地委由漢人開墾，坐收其租。咸豐初年，漢人鄭勒先，改姓名，從「番」俗，以鹽、布與土著交易，更結集大股勢力。其間雖地方官一再要求中央朝廷放寬入墾「番地」禁令，承認這些漢人之入墾，但清朝中央仍堅持封山禁令，直至光緒元（西元一八七五）年，才在埔里設置埔里廳。

漢人利用各種積極手段，進入山地侵墾，雖然違法犯禁，而且手段不免殘酷。但清朝官方不能了解充滿利殖心之人民入墾山區的趨勢，無法有效解消漢人與土著之衝突，未嘗不是一件憾事。

瞠乎其後的官府

在漢人以積極的態勢，挾著優越的競爭能力，不斷開闢臺灣土地的過程中，雖然有部分官員熟知：「臺灣生齒日繁，游手亦眾。山前已無曠土，番弱不能有其地，不及百年，山後將全入版圖。」（姚瑩，道光三（西元一八二三）年」，但一般而言，清朝官方的政策仍然是消極、被動的。

清朝官方在臺灣開發過程中的消極、被動，充分表現於其設官治理上。在「牡丹社之役」之前，臺灣的開發模式是人民以強烈的利殖心，不斷突破政府的禁令，侵墾土著族的生息空間，官府在一再重申禁令之後，無法禁絕侵墾事件，只好承認侵墾的事實，跟在墾民之後設官治理，充當警察與稅吏的角色，治民徵稅。所以，清代行政區劃的每一次增設調整，代表一次重大的內外變亂和民眾墾殖範圍的再一次躍進。

有清一代臺灣行政區域的變遷如下表：

年代	府	轄區
康熙廿三年（一六八四年）	臺灣府（隸福建省）	臺灣縣、鳳山縣、諸羅縣
雍正元年（一七二三年）	臺灣府（隸福建省）	澎湖廳（雍正五年設）、臺灣縣、鳳山縣、諸羅縣（乾隆五十一年改嘉義縣）、彰化縣、淡水廳
嘉慶十四年（一八〇九年）	臺灣府（隸福建省）	澎湖廳、臺灣縣、鳳山縣、嘉義縣、彰化縣、淡水廳、噶瑪蘭廳
光緒元年（一八七五年）	臺灣府	澎湖廳、臺南縣、鳳山縣、恆春縣、嘉義縣、卑南廳、埔里社廳
	臺北府	新竹縣、淡水縣、基隆廳、宜蘭縣
光緒十三年（一八八七年）	臺南府	澎湖縣、安平縣、鳳山縣、恆春縣
	臺灣府	臺灣縣、彰化縣、雲林縣、苗栗縣、埔里社廳（光緒十四年）
	臺北府	淡水縣、新竹縣、宜蘭縣、基隆廳（光緒十四年）、南雅廳（光緒二十年）
	臺東直隸州	

康熙二十三（西元一六八四）年，清領臺灣以後，承明鄭劃臺灣南北路為萬年、天興二州及東寧一府之舊制，以臺南周邊之東寧地方為臺灣縣，南北兩路各為鳳山縣、諸羅縣。當時鳳山縣之轄區自二層行溪以南均屬之，設治於興隆里；諸羅縣之轄區在曾文溪以北，設治於佳里興。但實際上，官吏均僑寓臺南府而不赴任所。

康熙六十（西元一七二一）年，朱一貴起事，全臺驚動，清朝動員內地大軍平定亂事之後，鑑於北路耕地日闢，人口聚集，必須加強管理，於是在雍正元（西元一七二三）年，析諸羅縣北部為彰化縣及淡水廳。雍正五（西元一七二七）年，以澎湖為鎮壓臺灣之重要軍事踏石，獨立設廳，於是臺灣成一府四縣二廳之局。

嘉慶十四（西元一八〇九）年，因收吳沙、吳化等人所領導開墾之宜蘭地方入版圖，設噶瑪蘭廳（治五圍，即今宜蘭市）。於是，全臺成一府四縣三廳。

同治十三（西元一八七四）年，以牡丹社事件，日本出兵侵犯臺灣南部土著地區，清廷命總理船政大臣沈葆楨來臺辦理防務。沈氏在日本退兵之後，認為治臺之要首在「開山撫番」，於是建議朝廷撤廢山海之禁，並增置郡縣：在瑯嶠地方設恆春縣，另於後山設卑南廳，於埔里地方設埔里社廳。

此外，沈葆楨認為北臺口岸四通，荒壤日闢，而且淡水開港通商之後，華洋雜處，情形複雜，特請設一府三縣，經清廷批准，於光緒元（西元一八七五）年十二月，設臺北府，附設淡水縣，裁原有之淡水、噶瑪蘭二廳，新置新竹縣及宜蘭縣等，析前淡水廳東北地，新設基隆廳。此為清領以來空前之大變革。

光緒十一（西元一八八五）年，清廷於臺灣設省，以劉銘傳為臺灣巡撫；十三（西元一八八七）年劉銘傳會同閩浙總督楊昌濬，以「臺灣土疆賦役，日增月廣，與舊時羈縻僑置，情勢迥殊，因地制宜，似難再緩」，奏請添改撤裁臺灣郡縣，於是分臺灣全省為三府、一直隸州、十一縣、三廳。即：

臺南府（舊臺灣府改）：治東安坊（今臺南市區）

安平縣（舊臺灣縣改），治臺南城鎮北坊（今臺南市區）

鳳山縣，治埤頭（在今高雄縣鳳山鎮）

恆春縣，治猴洞（在今屏東縣恆春鎮）

嘉義縣，治嘉義

澎湖廳，治媽宮（在今澎湖縣馬公鎮）

臺灣府：治橋孜圖（在今臺中市南區）

臺灣縣，治臺灣城內（在今臺中市區）

彰化縣，治彰化

雲林縣，治林圯埔（在今南投縣竹山鎮），光緒十九年移斗六門（今雲林縣斗六鎮）

苗栗縣，治蔞花莊（今苗栗縣苗栗鎮）

埔里社廳，治大埔城（今南投縣埔里鎮）

臺北府：治艋舺（在今臺北市城中區）

淡水縣，治艋舺

新竹縣，治新竹（在今新竹市）

宜蘭縣，治五圍三結街（今宜蘭市）

基隆廳，治基隆（今基隆市）

臺東直隸州，初治水尾（今花蓮縣瑞穗鄉），後仍寄治於卑南（今臺東市）

以臺灣府臺灣縣之橋孜圖為省會，擬駐邊撫於此，但因尚待籌建，暫駐臺北。光緒十七（西元一八九一）年，劉銘傳去職，邵友濂繼任，移省會於臺北。光緒二十年，設南雅廳於大嵙崁（今桃園縣大溪鎮）。至此，臺灣全省有三府、一直隸州、十一縣、四廳。

十三、殘酷的生存競爭

社商、通事、侵墾

閩、粵人民來臺墾殖，冒著「瘴癘」深入洪荒披荊斬棘，可謂是偉大事業。但在漢人開墾的同時，臺灣原來的土著卻遭遇到空前的慘境，所以在讚歎漢人開荒墾拓的同時，也要回頭看看在現實競爭下被犧牲的一群人。

清朝時期，在臺的土著依漢化的程度和對清朝官廳的服屬與否，被分為「熟番」和「生番」。「生番」是指不服政令，居於深山之中的土著，清朝官方對「生番」的政策，基本上是劃界封禁，在邊境設兵屯守，不使漢人進入滋事，也不使「番」人逸出界外，造成傷害。「熟番」是指漢化較深，居於平地地區者，又稱為「平埔番」。這些土著服從政府之教化、應政府之傜役和稅課之徵發。

依清朝官方文書之記載，康熙年間服膺政府王化的「熟番」有四十六社，以後隨著時間的推移，到乾隆六年已有八十九社，乾隆三十二（西元一七六七）年設置南北路理番同知時有九十三社，到了嘉義年間開發噶瑪蘭廳，又有三十六社土著被編入清朝官方的統治。

清代承明鄭遺制，在各社設置土官，由社中年輩較大者公舉之，是「番」社中的首腦人物。另外，設有通事，作為傳達政令，兼司誘導馴化事務。這些通事大概都是漢人，後來他們不但演變為清朝官方管理「番」地的實際執行者，而且居間代弁了土著的稅課、訴訟等事務，成為欺壓土著的一批人。

原來清朝官方對「番」社的稅課，採取包稅制，稱為「贌社」制，贌社的人稱為社商或頭家。社商贌社之後，便取得自由出入該「番」社之權，包攬「番」社貿易，而且贌耕「番」地。因此，他們便成了既是代政府收取「番」地稅課的承包商，又是壟斷「番」地利權的一方之霸。社商經常是在取得利權之後便窩居城市中享福，而將「番」地事務，委諸通事或「社丁」（或稱社棍、番割）。康熙年間來臺的郁永河對這批無賴漢人欺壓土著有很沉痛的控訴：

> 曩鄭氏於諸番傜役頗重，我朝因之。秋成輸穀似易，而艱於輸賦，彼終世不知白鏹為何物。又安所得此以貢上？於是仍沿包社之法，郡縣有財力者，認辦社課，名曰社商；社商又委通事、夥長輩，使居社中，凡番人一粒一毫，皆有籍稽之。射得麋鹿，盡取其肉為脯，並收其皮，二者輸賦有餘。然此輩欺番人愚，朘削（ㄐㄩㄢ ㄒㄧㄠ juān xiāo）無厭，視所有不異己物；平時事無巨細，悉呼番人男婦孩穉，供役其室無虛日，且皆納番婦為妻妾，有求必與，有過必撻，而番人不甚怨之。然又有暗阻潛撓於中者，則社棍是也。此輩皆內地犯法奸民，逃死匿身於僻遠無人之地，謀充夥長通事，為日既久，熟識番情，復解番語，父死子繼，流毒無已。彼社商者，不過高臥郡邑，催餉納課而已；社事任其播弄，故社商有虧折耗費，此輩坐享其利。社商率一二歲更易，而此輩至死不移也。此輩正利番人之愚，又甚欲番人之貧。愚則不識不知，攫奪惟意；貧則易於迫挾，力不敢抗。匪特不教之，且時時誘陷之。即有以冤訴者，而番語侏離，不能達情，聽訟者仍問之通事，通事顛倒是非以對，番人

反受呵譴。通事又告之曰：「縣官以爾違通事夥長言，故怒責爾！」於是番人益畏社棍，事之不啻事天。其情至於無告，而上人無由知。是舉世所當哀矜者，莫番人若矣！

作為一個短期來臺的第三者，郁永河道出了人類互相欺壓的慘境。當然，漢、番之間，並不只有對立和欺壓的關係，也有不少漢、番合作，甚至通婚的例子。

除了通事、社棍的欺壓之外，土著所普遍感受到的威脅，是漢人不斷地侵墾「番」地，漢人或用武力，或用和平欺騙的方法，不斷侵入土著的生息空間。康熙末年，地方官便已陸續指出這種侵墾的嚴重性，到了乾隆三十二年清朝官方為了保護土著不受漢人侵墾所壓迫鋌而起亂，特別設置南北兩路理番同知，專司「番務」，對土著採取撫恤、威壓並行的政策：

一、管束漢人典購番地，防遏侵占之弊。
二、查拿漢人之娶「番婦」占居番地者。
三、訓誘「番人」就學，改易漢俗。

四、編查「番戶」，整飭輸餉事宜。
五、選拔土目通事。
六、清查「番界」，彈壓「生番」。
清朝官方的這種劃界封禁、威壓、撫恤並施的對土著民政策，一直延續到「牡丹社之役」之後。光緒元（西元一八七五）年，二百年之封山禁墾完全廢除，於南路「番地」置恆春縣，收水沙連「番地」歸入版圖，移北路理番同知於埔里，改為中路撫民理番同知，又遷臺灣海防同知（原兼理南路理番同知）於卑南，改為撫民理番同知；其下設招墾局，各設撫墾委員，積極從事「開山撫番」。至此，清朝官方的土著民政策於焉一變。

土客文化交流

入墾的漢人與土著的關係，也並不是只有對立、欺壓的模式。其實，也有不少互相提攜合作的情形。
當然，因為漢人的前來貿易和開發，使土著的獲物、畜產可以成為商品，用來與漢人帶來之布匹、食鹽、鐵器，甚至裝飾品交換，豐富了土著不少的生活內容。

另外，土著原有的農耕技術甚為落伍，據隨鄭成功入臺的楊英的描述，當時的土著尚不知使用鐵器收割，到了乾隆時期，則不但已使用鐵製農具，比較進步的地區，甚至已開掘溪流，引水灌溉，郁永河的《裨（ㄆㄧˊ pí）海紀遊》（康熙中葉）曾記載臺南附近土著的情形：

歷新港社、加溜灣社、麻豆社，雖皆番居，然嘉木蔭森，屋宇寬闊，不減內地村落。……四社番亦知勤稼穡，務蓄積，比戶殷富。又近郡邑，習見城市居民禮讓，故其俗於諸社為優。歐汪近海，尤富庶。

乾隆九（西元一七四四）年的《番社采風圖》說：「歸化已久，熟番亦知以稼穡為重，凡社中舊管埔地，皆芟（ㄕㄢ shān）刈草萊，墾闢田園。有慮其旱潦者，亦學漢人築圳，從內山開掘，疏引洪流，以資灌溉，片隅寸土，皆成膏腴。」

北路岸裡五社首領阿穆等並且主動獻土歸順，請照開墾。

除了耕種技術的進步之外，土著由於長相與漢人交往，在服飾、器用、婚喪習俗等方面也受到漢人不少影響。康熙末年的《番俗六考》記載：「數年來新港、蕭壟、麻豆、目加溜灣諸番，衣褌（ㄎㄨㄣ kūn）半如漢人，冬裝綿。哆囉嘓、諸羅山亦有仿效者。」、「……近亦築灶，間亦置桌椅及五彩瓷器。」道光時期的《淡水廳志》也說：「今大目降至雞籠，……其居處、飲食、衣飾、婚嫁、喪葬、器用，半縱漢俗。」

加速土著吸收漢人習俗之進展的兩個很重要的原因是民間的通婚和官方的社學教育。

原來漢人經常與土著婦女結婚，以取得土著之土地進行交易或開墾，這種以婚姻的方式取得土著土地的例子很多。例如，嘉慶末年，粵人黃祈安，隻身來臺，至斗換坪（在今新竹附近）與土著進行交易，得到不少好處，於是改從「番」俗，改名斗乃，娶土著為妻，生二子，後來甚至邀其粵人同鄉張大滿、張細滿等來臺約為兄弟，也各娶土著婦女，共同開墾南莊一帶。

對於漢人利用婚姻關係取得土著土地，清朝官府認為容易引起糾紛，曾數次下令禁止，甚至明載於禁律之中，《清律．戶律》中、「婚姻嫁娶違律主婚媒人罪」之附例就規定：

> 福建臺灣地方民人，不得與番人結親，違者離異，民人照違制律杖一百；土官、通

事減一等，各杖九十；該地方官如有知情故縱，題參交部議處。其從前已娶，生有子嗣者，即安置本地為民，不許往來番社，違者照不應重律，杖八十。

但還是無法禁絕漢人與土著的通婚。

除了因通婚而來的文化、習俗的交流之外。清朝官方在領臺之初即設置社學教土著孩童讀書。清朝地方官對於辦理社學，非常熱心，地方志書中也都詳細記載土著勤於就學的情形。《臺灣府志》便詳列當初設立社學的區域：

臺灣縣

新港社口、新港社內、隙仔口、卓猴社、大傑顛社。

鳳山縣

力力社、茄藤社、放綀社、阿猴社、上淡水社、下淡水社、搭樓社、武洛社。

諸羅縣

打貓後社、斗六門社、目加溜灣社、蕭壠社、麻豆社、諸羅山社、打貓社、哆囉嘓社、大武隴頭社、大武隴二社、他里霧社。

彰化縣

半線社、馬芝遴社、東螺社、眉裡社、貓兒干社、大肚社、柴仔坑社、大突社、二林社、大武郡社、阿束社、感恩社、遷善社、南投社、北投社、貓霧捒（ㄙㄨㄥˇ sǒng）社、岸裡社、貓裡社、阿里史社。

淡水縣

淡水社、南嵌社、竹塹社、後壟社、逢山社、大甲東社。

由於社學教育的啟迪，《番俗六考》說：「東螺、貓兒干間，有讀書識字之番，有能背誦《毛詩》者；口齒頗真，往來牌票亦能句讀。」

這些與漢人住居相錯，相處既久的土著，以後就逐漸與漢人無異，而泯沒於漢人之間了。

大遷徙的路程

但是通事、社棍的役使欺壓，漢人開墾者的強取豪奪，仍然是大部分土著所感受到的現實。清朝地方官便指出土著的世守之業，「竟不能存什一於千百」：

向為番民鹿場麻地，今為業戶請墾，或為流寓占耕，番民世守之業，竟不能存什一於千百。

雖然清朝地方官得知這種鳩占鵲巢現象的嚴重性，因而提出警告：「不法漢奸，鑽謀入社，侵漁肥己，致令番社之地主，俱為漢人占去，番眾不知流離何所，難免逃入山內，仍作生番之事，實為臺地隱患，不得不早為思患預防之計。」但漢人以強烈的利殖心和進步的耕作技術，仍然罪不容赦地壓迫土著的生計。

面對著漢人的侵墾和壓迫，土著除了偶而被迫地反抗之外，只有遷移一途。因此，在清代文獻中有不少土著集體遷移的記錄，茲舉行大者於後：

一、嘉慶九（西元一八〇四）年，彰化社「番首」潘賢文、大乳汗毛格，率西部之岸裡、阿里史、大甲（均在今臺中縣）、阿束、東螺（均在今彰化縣）、北投（今南投縣）、吞霄（在今苗栗縣）、馬賽（原為「淡水流番」）諸社千餘人，越過中央山脈至噶瑪蘭（今宜蘭縣）。

二、嘉慶中葉（西元一八一四年左右），漢人郭百年等率眾入墾埔里社（今南投縣），對「生番」非常殘虐，被官方趨散，再行封禁。但埔里社「生番」因人少衰頹，招來西部丘陵、平原地區「熟番」入墾，圖相互扶持增長聲勢，於是在西部受漢人侵墾壓迫的「熟番」，於道光、咸豐年間相繼大舉遷入埔里，造成一次大規模的人口遷徙。在這次大遷徙中，有從北投社、南投社（在今南投縣）、阿里史社、雙寮社、葫蘆墩社、麻薯舊社、社寮角社、山頂社、大馬僯社、水里社、日南社、大湳社、水底寮社、大肚社、貓霧捒社、萬斗六社、西勢尾社（均在今臺中縣）、日北社、房裡社、吞霄社（均在今苗栗縣）、東螺社、眉裡社、馬芝遴社、貓羅社、二林社、大突社、大武郡社、柴仔坑社、半線社（均在今彰化縣）、斗六門社、貓兒干社、貓兒干南社（均在今雲林縣）等社土著相率遷入埔里社。

三、道光年間，漢人移民大肆開發噶瑪蘭地方，土著被迫，乃有遷徙之舉。其中，加禮宛社（在今宜蘭五結）率附近部落，由蘇澳一取陸路移至奇萊平原（今花蓮一帶），一取海路泛筏至奇萊之鯉浪港（今花蓮市米崙山下）登陸，重新建築部落，稱為加禮宛。

不久，再向南發展，一取陸路由中央山脈與海岸山脈間之中央縱谷南下，至大巴郎南方之馬佛社（在今花蓮縣光復縣），再南下遂為卑南覓一帶之「生番」所阻；一路仍取海路南下，部眾沿海為居，分布於貓公、姑律、石梯之間（在今花蓮縣豐濱鄉）。更有遠渡大港口（今豐濱鄉），至卑南地區之石寧埔（今臺東縣長濱鄉）、成廣澳（今臺東縣成功鎮）一帶者。

四、道光九（西元一八二九）年，鳳山縣內淡水溪之武駱、搭樓、阿緱等社土著（均屬馬卡到族），自枋寮（今屏東縣枋寮鄉）越中央山脈，至巴塱衛（今臺東縣大武鄉），更北至寶桑（今臺東鎮），由於卑南地方土著敵視，再溯卑南溪北上，在今花蓮縣富里鄉建築部落，號稱大莊，西部大傑顛及大武隴諸社也相繼有人來附。

以後西部土著也紛紛遷至東部地方，其分布於海岸地區者，北起大港口（今花蓮縣豐濱鄉）南至成廣澳（今臺東縣成功鎮）；其分布於中央縱谷平野者，北起玉里觀音山（均在今花蓮縣玉里鎮）南至新開園（今臺東縣池上鄉）。

同時又有鳳山土著，也由阿緱（今屏東市）地區，南徙瑯嶠（今屏東縣恆春鎮），從「生番」龍鑾社（屬排彎族）手中取得耕地，後因缺水，一部北徙四重溪（今屏東縣車城鄉），一部東遷射馬里（今屏東縣滿州鄉）。

光緒元（西元一八七五）年建恆春城，其居瑯嶠者，遷居山腳莊內（在今恆春縣）。光緒十七、八（西元一八九一、二）年，四重溪大水為災，田園家屋盡數流失，居其地之土著又遷臺東公埔平野（今臺東縣池上鄉）。

因此，原本為臺灣原住者的土著們，有一部分與漢人錯落而居，年代一久習染漢俗既深，終於漸漸泯沒於漢人群中；另一部分則往漢人較少的東部海岸地區集中，仍然保持他們的生活習俗和生產技術。

十四、以力為價值的社會

開墾權利和土地

依清朝官方之規定，在臺灣從事開墾，必須先向官府申請「墾照」（開墾許可證），因為既向官府登錄開墾，官府便可依限徵收田賦，同時限制民人侵墾「番地」，故也。由於開墾新耕地，耗時費力，必須投下相當資本之後始能有成，非一般小民可為。因此大概由富豪或有力者出面向官府請得「墾照」，獲得許可之後，提供資本，供應耕牛、種籽，甚至建築房舍、開鑿水圳、防衛措施等耕種之基礎條件，然後招徠佃農耕種。

向官府取得「墾照」的豪強，稱為「墾戶」或「業戶」，這些人是土地名義上的所有人，他們大部分並不從事實際之耕種，只是在取得土地開墾權之後，投下開墾所需之基礎資本、建設或防衛工事，便將土地交由佃農（一般稱為「佃戶」）耕種，向佃戶收取地租，或利用其所開鑿埤圳之「水租」。他們自己則以土地所有者的身分，在一定年限之後（一般為開墾後三）年，每年向政府繳納租賦。因此，在臺灣的開墾集團形成官府——墾戶——佃戶的重層關係。

官府——墾戶——佃戶的關係是開發初期的基本型態。但年代一久，佃戶長期實際耕種田地，而逐漸擁有「永佃權」（即墾戶無法撤換佃戶），甚至將田地再轉佃於更下層的佃戶，於是形成更複雜的關係，即官府——墾戶——（大）佃戶——（小）佃戶的關係。原來的佃戶（大佃戶）儼然成為另一個地主。這種情形被稱為一田二主（即有墾戶、大佃戶兩層田主），墾戶擁有田底（又稱田骨），大佃戶擁有田面（又稱田皮）。小佃戶向大佃戶繳納的田租稱為小租，大佃戶向墾戶繳納的田租稱為大租（因此大佃戶又稱為小租主，墾戶又稱為大租主）。

這種開墾者的關係，又因土地原來所有者之不同而有其他形式。例如，該土地原為土著所有，漢人（墾戶）自土著手中取得土地開墾權時，便答應付予原有該土地之土著田租，於是形成墾戶一方面必須向官府繳納賦稅，又必須向土著繳納大租（稱為「番大租」）的情形。

另外，官府也將官有地（官有地當中有些來自於平定亂事之後所抄封之「叛產」）招民墾種，於是官府又具有前述開墾關係中之墾戶的角色。

除了田土原來所有者之不同所引起的複雜情形之外，有時承墾者（墾戶）並非個人而是由數人所組成之集團，更使田土之所有關係更加複雜。

在前述這種開墾關係中，墾戶是出力最少的受益者，他們經常是一些地方上的豪強有力者，專門以取得「墾照」轉手佃戶得利，因此雖不出力開墾，卻往往擁有廣大土地。清朝官府也知道這種情形：「夫業戶之設，其弊無窮，其始豪強有力者十數人，出領墾照，名為自出工本，募佃墾荒；實則其人工本不多，鳩集朋黨，私立約據，及其墾成，報官升科。而業主一人，界廣甲多，且易隱蔽。」對於這種墾戶包占廣大田園的情形，官府曾經加以禁制：「召民開墾之法，毋許以一人而包占數里，只許農民自行領墾，一夫不過五甲。」但因墾戶大多是與官府熟識之地方豪強，因此終究無法完全限制業戶包占廣大田園的情形。

但這種業戶包占田園的情形，也因區域有所不同。在臺南一帶地方，因早在明鄭時期即已開墾，墾戶較少，大抵為自耕之小農。但北部地方，則因開闢較晚，大抵均由業戶承墾，因此有不少包占廣大田園的業戶。道光年間，方傳穟一篇報告中，便指出這種情形：

……淡水……其地南自大甲，北至雞籠，綿長三百餘里，自山至海，腹內所寬亦四五十里，較諸臺邑，固自倍之，而考其正供，僅有臺邑四分之一。業戶編入徵冊者僅數十人……

但是嘉慶年間所開墾的噶瑪蘭地方，卻無這些情形，這是因為當初入墾噶瑪蘭地方的民人，沒有特別具有資產或交通官府能力的人。所以噶瑪蘭地方的開墾是以合股的方式，由小經營者合力進行的，其情形是這樣的：

蘭人之法，合數十佃為一結，通力合作，以曉事而資多者為之首，多曰小結首。合數十小結中舉一富強有力，公正服眾者為之首，名曰大結首。……然後有條不紊，視其人多寡授其地，墾成眾佃公分，人得地若干甲，而結首倍之或數倍之。

這種因開發過程中，所累積產生的各種情況，在十九世紀末劉銘傳進行「清賦」時，才得到初步的整理。

東南的穀倉

漢人進入臺灣積極開墾之後，以勤勞的勞動，配合臺灣的天候、沃壤，使臺灣成為當時中國東南的穀倉。清朝的地方官經常對臺灣的生產豐富讚歎不止：

「臺灣地廣民稀，所出之米，一年豐收，足供四五年之用」（雍正四年，閩浙總督高其倬）

臺灣的生產「一年豐收，足供四五年之用」，而且民性具有積極的商業精神，不做消極的囤積。根據清朝地方官的觀察，對於這些自給剩餘的生產品，臺灣人民是「肩販舟載，不盡不休」。

除此之外，清朝政府實行班兵制度，自閩、浙、粵等地調來兵丁，也需由臺灣撥運兵米甚至眷米到內地「協濟」。

所以對東南沿海（尤其是漳、泉諸府），臺灣的米糧成為不可或缺的接濟品。因此，雖一度有人主張在臺所徵收之田賦，除一部分仍徵實物之外，其中一部分改折現銀繳納時，即有不少官員提出異議，其反對的理由，乃是因為臺灣田賦所收的米糧是漳、泉地方兵食、民食的來源：

閩省漳、泉諸府，負山環海，田少民多，山米不敷民食。臺地產米之區，故令徵收本色（即米穀），運給內營兵糈。原以臺地之有餘，濟內營之不足。今如改解折色，已失立法之意。

由於臺灣盛產米糧，而內地缺乏米糧，於是臺灣所生產之米穀便大量向內地輸出。臺灣米糧對內地之運銷、接濟，成為清朝在臺地方官重要工作之一。

除了米穀之外，蔗糖也是臺灣農產的大宗。雍正年間《赤嵌筆談》便說每年臺灣所產之糖，六十餘萬簍（每簍一百七八十觔）。

以米糖為主要輸出品，臺灣從康熙中期便與中國內地，甚至日本等鄰接國家貿易。康熙中期的商業盛況，可從《裨海紀遊》窺知一二：

……植蔗為糖，歲產五六十萬，商舶購，以貿日本、呂宋諸國。又米、穀、麻、豆、鹿皮、鹿脯，運之四方者十餘萬。為賈販通外洋諸國，財用不匱。又當四達之海，即今內地民人，襁至而輻輳，皆願出於其市。

到了雍正年間，臺灣府治的臺南已經出現商業集團，即所謂的「郊」。最初在臺南出現的郊，只是一種以貿易範圍相同之商號結合而成之商業公會。其中，以配運上海、寧波、天津、煙臺、牛莊等處之貨物者稱為北郊，郊中有商號二十餘家，以蘇萬利為首；配運於金門、廈門、漳州、泉州、香港、汕頭、南澳等處之貨物者稱為南郊，郊中有三十餘家商號，以金永順為首。另外，有以臺灣各港之採糴（ㄉㄧˊ dí）為主者，稱為港郊，郊中有五十餘家商號，以李勝興為首。

乾隆中期，彰化之鹿港也急速興起，成為中部之大港，《彰化縣志》記載鹿港之繁盛情形：

鹿港大街行衢縱橫皆有，大街長三里許，泉、廈郊商居多，舟車輻輳，百貨充盈。臺自郡城而外，各處貨市，當以鹿港為最。

至於其貿易之範圍內容則記載：

遠賈以舟楫運載米、粟、糖、油。行郊商皆內地殷戶之人，出貲遣夥來鹿港，正對渡於蚶江、深滬、獺窟、崇武者曰泉郊，斜對渡於廈門者曰廈郊，間有糖船直透天津、上海等處者，未及郡治北郊之多。

乾隆末年，臺北盆地及其周邊腹地之開發，也造就了艋舺（在今臺北市萬華區）的繁榮。故有「一府、二鹿、三艋舺」之諺。

除了以貿易地區之不同而各自結合之郊之外，後來因為交易之繁盛，並且發展出以交易內容為結合的郊商，例如，糧郊、米郊。可見內地行會的制度也已移植到臺灣來。

在臺灣開港以前，臺灣即以豐富之農產品和畜產品作為輸出之大宗，以港市為吞吐口，和大陸內地和鄰近諸國進行頻繁之交易往來。而臺灣內部也以各港市為袋口，由各港市與其腹地形成港口↓↑腹地的袋狀交易網。

會盟、豪強、羅漢腳

開發時期的臺灣，是一個較量武力的時代，開發者犯風濤來到此地之後，要面對的是血淋淋的生存競爭。像大部分的開墾社會一樣，當初的社會是一個好勇鬥狠的男人的社會，雍正初年的一則記載說：

> 北路諸羅、彰化以上至淡水、雞籠以及東部山後地方，婦女不及數百人，南路自鳳山、新園至瑯嶠，婦女亦不及數百人。有村庄數百人而無一眷口者。

這種開發社會裡的男人，沒有家室，財產的牽累，在開發的過程中，養成了他們熱情、勇敢、豪放的性格，他們每次以開拓集團為基礎，應自我防衛或自身利益的需要結合在一起，有時甚至歃（ㄕㄚˋ shà）血結盟，如同親黨。《諸羅縣志》形容這種情形內容：

……尚結盟，不拘年齡，推才能有力者為大哥，一年少殿後者曰尾俤，歃血而盟，相稱以行次。家之婦女亦伯叔稱之，出入不相避。失路之夫，不知何許人，同姓則為弟姪，異姓則為中表、為妻族，如至親者。

在這種社會中，還有一種遊食四方，無田產家室的流浪漢，稱為「羅漢腳」。關於「羅漢腳」，清朝的地方官有極生動的描寫：

臺灣一種無田宅、無妻子、不士、不農、不工、不賈、不負載道路……，嫖賭、摸竊、械鬥、樹旂，靡所不為。曷言乎羅漢腳？謂其單身遊食四方，隨處結黨，且衫褲不全赤腳終生也。

開墾初期，開墾集團或以同旅，或以同鄉相援引，如遇爭地，爭水糾紛，往往釀成集團間的砍殺，演成「械鬥」。

臺灣之械鬥有各種形式，有不同地緣集團之鬥，如閩、粵間之鬥和漳、泉間之鬥，也有宗姓間之鬥，甚至有職業團體間之鬥，不一而足。統稱為「分類械鬥」。

閩、粵間之械鬥，最有名者厥為「朱一貴之役」，時朱一貴與下淡水一帶之粵人反目。此次閩、粵間之不和，不但在朱一貴的反清陣營裡自亂陣腳，而且造成非常悲慘的砍殺結果。根據清朝官方的記載：

賊黨〔指朱一貴反清陣營〕既分閩、粵，屢相併殺。……漳、泉賊黨，不鬥自潰，疊遭截殺，群奔至淡水溪。溪闊水深，溺死無算，積屍填港。後至者踐屍以渡，生還者數百人而已。

道光年間，彰化地區也發生蔓延甚廣的閩、粵械鬥，從員林、東螺、葫蘆墩，以至於大甲溪以北，莫不波及。

漳、泉之械鬥，乾隆四十七年，彰化地區發生漳、泉械鬥，其激烈之程度，據說是「當擾攘之際，雖素無睚眥之怨者，亦如不共戴天之仇」。嘉慶十一年，彰化地區又發生漳、泉械鬥，「最慘者，惟沙轆一帶泉人，望風而遁，渡海溺死，及被沿途截殺，不可勝計；避難男婦，俱歸鹿港，填滿街巷。」

咸豐九（西元一八五九）年，臺北地區也發生漳、泉州人以艋舺為首，約集新莊、枋寮、坪頂、和尚州、港仔嘴、溪洲、加蚋仔等地泉人，與枋寮、土城、大安寮、士林等漳州人訂期拚鬥，延年累月，死傷慘重。

關於分類械鬥，道光年間的鹿港同知陳盛韶曾經描寫其感染傳播之速：

> 閩、粵分類之禍，皆起於匪人，其始小有不平，一閩人出，眾閩人從之，一粵人出，眾粵人和之。不過交界處，擄禁爭狠，而閩、粵頭家，即通信於同鄉備豫不虞，於是臺南械鬥傳聞淡北，遂有一日千里之勢。

清朝地方官深知民間械鬥與反官叛亂之關係，即所謂「臺灣滋事有起於分類而變為叛逆者；有始於叛逆而變為分類者」。號稱臺灣三大反官叛亂事件的朱一貴、林爽文、戴潮春諸役，結果均落入前述的「始於叛逆而變為分類」的窠臼，演成內部相殘，可謂悲哉！

十五、五年一大亂

「鴨母王」的王朝

清代治臺官吏稱臺灣「三年一小亂，五年一大亂」。根據統計，清朝統治臺灣的二一二年當中，臺灣的反官事件合計不下百件。臺灣反官事件特多的原因，有各種不同的說法，但如前章所述臺灣為新闢的邊陲地區，民風強悍，官治鬆懈，或許才是最主要原因；另外，會黨（以天地會為主）力量強大也是重要原因。以下，即舉清代臺灣三大亂事：朱一貴之役（康熙六十年，西元一七二一年）、林爽文之役（乾隆五十年，西元一七八五年）、戴潮春之役（同治元年，西元一八六二年），加以介紹。

朱一貴，原名祖，原籍漳州長泰。清領臺灣之初，來臺充任低級吏役，不久被革職，居於鳳山縣羅漢門（今高雄縣內門鄉）以養鴨為業。

羅漢門僻處山邊，朱一貴任俠好客，有不少草澤人物經常往來酬酢，在地方上儼然有首領模樣，人皆稱之為「鴨母王」。由於他姓朱，隱然間被視為反清復明的領袖。

康熙五十九（西元一七二〇）年，冬季嚴寒又有地震，年收不豐，而官方徵稅頗急，謠言四起，人心浮動。

康熙六十（西元一七二一）年三月，吳外、翁飛虎等十餘人，在客莊檳榔林（今屏東縣內埔鄉義亭村）結義拜把，臺灣知府王珍令其次子前往緝拿。吳外、翁飛虎等人逃入羅漢門，投靠朱一貴。

吳外、翁飛虎投靠朱一貴之後，慫恿朱一貴起事；當時另有羅漢門人黃殿，也正謀起事，於是朱一貴、黃殿、吳外、李勇、鄭定瑞等人，於四月十九日在黃殿家中密謀起事，公推朱一貴為盟首，製「大元帥朱」旗幟作為號召，當夜攻克岡山汛。

在檳榔林的客人杜君英，也糾眾劫檳榔林防汛，響應。這時南路草潭地方（在鳳山縣城北二十里）的郭國正、翁義，下埤頭（今鳳山一帶）的戴穆、江國論，新園（今屏東縣新園鄉）的林營、林騫、林璉、小琉球的王忠，也都紛紛起事並結集於杜君英旗下，於是岡山、下淡水一帶盡皆舉旗反矣！

清朝官方以遊擊周應龍率兵擊反軍，又徵調新港、目加溜灣、蕭壠、麻豆等社土著往剿，但因四莊土著焚掠太甚，引起更大反感。

二十二日，周應龍與朱一貴相遇於小岡山（在今高雄縣岡山鎮）。二十五日，朱一貴渡過下淡水溪與杜君英會師合攻新園，再渡下淡水溪回擊埤頭（今鳳山）。二十七日，朱一貴、杜君英聯軍大敗清軍於赤山。朱一貴揮眾進逼府城，杜君英則破鳳山縣城，南路盡為反軍所有。

二十八日，朱一貴、杜君英迫近府城，清方臺總鎮歐陽凱拒之於春牛埔（今臺南市南區）。三十日，歐陽凱被部下所殺，臺灣府城遂於五月一日為反軍所陷。府城之清方文武官員自臺廈道以下，倉皇遁逃澎湖。

這些北路的諸羅縣人賴池、張岳、萬和尚、林泰、鄭惟晃、賴元改等人，也起兵響應，於五月三日攻陷諸羅縣治，一時全臺俱為反軍所有。

五月十一日，眾奉朱一貴為首，號稱「中興王」，建元「永和」。朱一貴登上王位之後即大封軍將，飭兵民蓄髮，恢復明制，並發表文告：①

在昔胡元猾夏，竊號神州，穢德彰聞，毒逋四海。我太祖高皇帝提劍而起，群士景從，以恢復區宇，日月重光，傳之萬世。逆闖不道，弄兵潢池，震動京師，帝后殉國，地坼天崩，椎心泣血，東南忠義，再造邦基。秣馬厲兵，方謀討賊。何圖建虜，乘隙而入。藉言仗義，肆其窮凶。竊據我都邑，奴僇我人民，顛覆我邦家，殄滅我制度，長蛇封豕，搏噬無遺。遂使神明胄子，降為輿臺，錦繡江山，淪為左衽，烏乎痛哉！

延平郡王精忠大義，應運而生。開府思明（廈門），經略閩粵，旌旗所指，喋血關河，使彼建虜，疲於奔命。則有熊羆之士，不二心之臣，戮力同仇，效命宗國。南京之役，大勳未集，移師東下，用啟臺灣，率我先民，以造新邑，遙奉正朔，永戴本朝。蓄銳養精，俟時而動。雖張堅之王扶餘，田橫之居海島，史策所載，猶未斯之烈也。

天未厭禍，大星遽殞，興王之氣，猝爾銷沉。然東岸片壤，猶足以抗衡海上焉。嗣王冲幼，輔政非人，大廈將傾，一木難柱。以故權奸竊柄，偷事宴安，叛將稱戈，甘為罪首。滄海橫流，載胥及溺，茫茫九州，無復我子孫託足之所矣。哀哉！夫盛衰者時也，強弱者勢也；成敗者人也，興亡者天也。
古人有言，炎炎之火，可焚崑岡。是以夏后一成，能復故國，楚人三戶，足以亡秦。況以中國之大，人民之眾，忠臣義士之眷懷本朝，以謂不足以誅建虜者乎？不佞世受國恩，痛心異族，竄逃荒谷，莫取自遑，佇苦停辛，垂四十載。今天啟其衷，人思其舊，揆時度勢，否極泰來。爰舉義旗，為天下倡，群賢霞蔚，多士雲興，一鼓功成，克有全土。此則列聖在天之靈，實式以憑，而中興之運，可操左券也。
夫臺灣雖小，固延平郡王肇造之土也。絕長補短，猶方千里。重以山河之固，風濤之險，物產之饒，甲兵之足，進則可以克敵，退則可以自存。博我皇道，宏我漢京，此其時也。
唯是新邦初建，庶事待興，引領英豪，同襄治理，然後獎帥三軍，橫渡大海，會師北伐，飲馬長城，搗彼虜庭，殲其醜類，使胡元之轍，復見於今，斯為快爾！所望江東耆艾，河朔健兒，嶺表孤忠，中原舊曲，各整義師，以匡諸夏。則齊桓攘夷之業，晉文勤王之勞，赫赫宗盟，於今為烈。其或甘心敵事，以抗顏行，斧鉞之誅，罪在不赦。夫非常之原，黎民所懼，救國之志，人有同心，敢布區區，咸知大義，二三君子，尚克圖之。

【註釋】

① 據楊雲萍教授考證，此布告為連雅堂先生所作。為存連氏撰作精神，特錄之。

隙起蕭牆兄弟相爭

朱一貴所領導的起事之師，以銳不可當之勢，於旬日間即接連攻城陷地，逼使清朝官員退走澎湖。但軍隊內部卻因爭功引起內訌，導致自相殘殺的局面。

首先是杜君英欲立其子為王不果，已有不滿。接著，朱一貴封功行賞時以王玉全為國師，王君彩、洪陳為太師，而杜君英及其部將翁飛虎、吳外等人則被封為地位稍低的國公。自認為此役首功的杜君英當然不滿，「每事驕蹇，並虜掠婦女七人，禁閉於鎮署中」。又有粵籍士兵強娶民女事件，均被朱一貴以紊亂軍紀懲處。於是，閩、粵感情惡化，朱一貴並派兵襲擊杜君英，演成內訌相殘。

杜君英於遭到朱一貴襲擊之後，即領客籍士兵北走虎尾溪，一部分客籍士兵則逃返下淡水糾集鄉眾。閩、客正式分裂，勢成水火，互相砍殺。根據清朝官方的記載：

自五月中賊（指反官部眾）既分閩、粵，屢相拚殺。閩恆散處，粵悉萃居，勢常不敵。南路賴君奏等所糾大莊十三、小莊六十四，並稱客莊，肆毒閩人。而永定、武平、上杭各縣之人，復與粵合，諸泉、漳人多舉家被殺、被辱者。

其中的大莊十三、小莊六十四，即今仍稱的「六堆」。

六堆公推李直三為大總理，侯觀德為總參謀。六月十九日，六堆的民兵與朱一貴部下的劉育部隊正面相接。原來，劉育所指揮的閩軍渡過下淡水溪，即從新園北進萬丹與六堆粵軍相遇，粵軍豎「大清」旗幟迎戰。粵軍分三路，一路正面誘閩軍至濫濫庄（今屏東縣萬丹鄉四維村），待機的北路、南路粵軍與正面的粵軍，一齊發動攻擊，閩軍陷入被三面挾擊的困境，自亂陣腳慌亂四散，粵軍大勝。

朱一貴的閩軍在南路與客軍相殘之際，清朝已自大陸調來軍隊集結於澎湖，準備反攻臺灣府城。因此，在朱一貴來說，是陷於腹背受敵的兩面作戰當中了。

閩浙總督覺羅滿保於五月六日，接獲臺灣有亂事的消息之後，隨即命令福建水師提督施世驃及南澳鎮總兵藍廷珍，率水陸大軍剋期進剿臺灣。五月十六日，施世驃先到澎湖，六月九日藍廷珍大軍也來澎湖會合。

六月十三日，清朝之反攻大軍自澎湖出發。十六日，清軍抵達鹿耳門，隨即與朱一貴部眾展開戰鬥，清軍攻陷鹿耳門與安平。十七日，朱一貴軍企圖自七鯤鯓反攻奪回安平，在四鯤鯓被清軍擊潰。十八日，兩軍再戰於塗擊埕（今臺南市南區）。十九日，朱一貴以全力反攻，兩軍大戰於二鯤鯓，仍然不為功。

朱一貴雖然傾全力迎拒清軍的反攻，但幾日下來，並不能有所進取，只好改採守勢，「列陣海岸，南自鹽埕（今臺南市南區），北至洲仔尾（今臺南市北區），凡十餘里，如堵如林。」

面對朱一貴的株守，清方的藍廷珍和施世驃協議，分南北兩路登陸，然後對府城展開包圍戰。六月二十一日，南部施世驃部隊由七鯤鯓挺進至臺灣府城的南郊。北路藍廷珍部隊，則溯曾文溪由西港仔（今臺南縣西港鄉）上陸，與江國論所率之朱一貴軍激戰於蘇厝甲（今臺南縣安定鄉蘇厝），江國論不敵敗退。

六月二十二日，朱一貴領兵傾力迎戰，不敵精銳之清軍，敗走東北方，施世驃與藍廷珍會師府城，清方終於光復淪陷達五十日之久的臺灣府城。

朱一貴敗走之後，一路北上，先停大目降（今臺南縣新化鎮），清軍追擊，只好渡灣裡溪至茅港尾（今臺南縣下營鄉茅港村），過鐵線橋（今臺南縣新營鎮鐵線里），再乘夜走下茄苳（今臺南縣後壁鄉嘉冬村），最後落腳於溝仔尾（在今嘉義縣），部眾只剩千人，溝仔尾莊民楊旭等殺牛備酒，款待一路敗走而來的朱一貴軍，到了半夜卻埋伏壯丁，將朱一貴等首腦人物擒送清朝官方。

朱一貴等人被押送到施世驃大營後，經廈門再解京師就戮。臺灣的亂事大致告終，但仍有逸脫舊部，在各地企圖再舉。例如：七月間，江國論、鄭元長聚集餘黨，樹旗於阿緱林（今屏東）；康熙六十一（西元一七二二）年三月，林亨企圖起事於下淡水；雍正元（西元一七二三）年三月，又有楊合企圖攻打府治；四月，王忠再起於鳳山，但都立刻被發現撲滅。

反清會黨天地會

朱一貴起事失敗後，仍不斷有聚眾揭旗起事的，雍正十（西元一七三二）年，吳福生連破岡山、舊社、萬丹，並一度進襲鳳山縣治的埤頭，但不及旬日便被鎮壓消滅。十二

（西元一七三四）年，北路諸羅縣又有人以「大明朱四太子」、「大明復興四太子三國公起義」的旗號，號召群眾蜂起。乾隆三十五（西元一七七〇）年，臺灣縣的黃教，廣招亡命，豎旗聚眾，襲據岡山，蔓延北路，也持續數月之久，始被完全蕩平。

乾隆五十一（西元一七八六）年，「林爽文之役」則是繼「朱一貴之役」之後，又一次波及全島的大蜂起。

林爽文，漳州平和縣人，早歲來臺，卜居於彰化縣大里杙（ㄧˋ yì）莊（今臺中縣大里鄉），開墾治產，頗有家產，當時近鄉多巨族，時有械鬥，往往蔓延數十村。因此，林爽文亦集眾自衞，植竹為藩。

當時臺灣有祕密組織「天地會」，發展甚速，彰化人劉升、陳泮（ㄆㄢˋ pàn）、王芬，諸羅楊光勳、黃鐘、張烈、葉省、蔡福，鳳山莊大田、莊錫舍都是重要份子，會黨人數多達萬人，林爽文之勢力尤大。官府雖知有其事，但不敢輕易下手擒治。

乾隆五十一年七月，諸羅會黨楊光勳與其兄弟不睦引起爭端，清朝官府藉機緝捕黨人黃鐘、張烈，解送途中，黨人截路襲擊官吏，引起臺灣鎮總兵柴大紀之搜捕會黨人士，黨人紛紛逃入大里杙慫慂林爽文起事。

十一月二十七日晚，黨人佯裝擒獲林爽文，進入清軍營中，輕易地攻陷大墩汛；北路協副將赫生額、彰化知縣俞峻和臺灣中營遊擊耿世文均死於黨人之手。二十八日，黨人進攻彰化縣城，殺北路中軍都司王宗武、北路理番同知長庚、攝縣事劉亨基及臺灣知府孫景燧。十二月一日，黨人王作、李同攻陷淡水廳治竹塹（今新竹市），殺竹塹巡檢張芝馨。

十二月三日，黨人擁林爽文為盟主，建元「順天」，駐彰化縣署。林爽文隨即封劉懷清為知縣，劉士賢為北路海防同知，王作為征北將軍，王芬為平海大將軍，陳泮、何有志為左右都督，董喜、陳奉先為軍師，並出榜安民：「本盟主為眾兄弟所推，今統雄兵猛士，誅殺貪官，以安百姓。貪官已死，百姓各自為業。惟藏留官府者死不赦！」

林爽文登上王座的一幕，《臺灣通史》的描述是這樣的：

爽文以玄緞為冠，盤兩金龍，結黃纓，自頂垂背，衣袞服，高坐堂上，眾呼萬歲。

一副真命天子登臨天下之概！

林爽文在論功行賞之後，於十二月初六日破諸羅，殺攝縣事董啟埏及其手下各文武官弁。這時斗六門、南投、貓霧捒各地也紛紛殺當地駐防兵弁響應。南路鳳山的莊大田起事呼應，更使天地會黨人聲勢大壯。

莊大田，漳州平和人，隨父渡臺，寄籍諸羅，父沒，遷鳳山縣篙加港（今屏東縣林邊鄉竹林村），薄有田產，經常周濟鄰里，在南路以義俠聞名。林爽文起事後，莊大田以族弟大韮、大麥號召部眾，自封「南路輔國大元帥」、「定南將軍」、「開南將軍」。十二月十三日，攻鳳山縣治，殺知縣湯大紳、典史史謙，揮軍北上，與攻陷諸羅之林爽文，南北進逼臺灣府城。

十二月七日，攻陷諸羅之黨人分陸路、海路進攻府城，海路被清軍擊退，陸路也在鹽埕橋（今臺南市北）被柴大紀的炮兵擊退，只好暫屯大目降（今臺南縣新化鎮）。

十二月十二日、十三日，黨人傾全力攻府城，與清軍激戰終日，仍無法突破清軍堅強的火炮。十二月三十日，林爽文以歲末清軍防務當較鬆懈，再舉全力進攻，仍然不為功。

在黨人久攻府城不下的同時，留守北路竹塹地區的王作部隊，卻因軍紀鬆懈，迫使民間另組「義民」與清軍合作，對黨人反攻，不但王作被「義民」所擒，而且竹塹、後壟先後被清軍光復。

鹿港地方也有「義民」林湊等率眾數千，攻打彰化縣城的林爽文部隊。原來，林爽文起事前，漳、泉早因械鬥結仇，林爽文為漳州人，林湊為泉州晉江人，林湊利用此機會糾集泉州人，攻擊分守彰化的林爽文部將楊振國，並大殺漳人，彰化城頓成廢墟。

雖然清軍堅守臺灣府城與林爽文部隊成對峙之勢，而且陸續有「義民」協助清軍在林爽文之後方反攻得逞，但清朝官方認為戰爭不能拖延過久，於是閩浙總督常青命福建水師提督黃仕簡和福建陸路提督任承恩領兵征臺，一時清軍分數路自安平、鹿港、八里坌登陸，林爽文恐根據地大里杙危險，於乾隆五十二（西元一七八七）年一月十三日回師大里杙固守。

清朝征臺援軍一到，即向南北兩路展開反攻。一月二十一日，諸羅縣城被清軍收回，南路的鳳山縣城則一度由清軍收復之後又被莊大田攻陷。

這種清軍與起事黨人的拉鋸戰，逼使清廷命閩浙總督常青親自渡臺督師。

勞師動眾的清朝

常青抵臺之後不久，隨即遇上南北黨人再度會合以十萬大軍圍攻府城。

三月二十七日，莊大田攻南邊之桶盤棧，莊錫舍攻小南門，謝檜及陳建平攻大東門，林永（林爽文弟）及許尚、陳聘攻大北門。清軍由常青親自督陣，並調集「義民」數萬出城助戰。該日之戰鬥仍成拉鋸式之激戰，但卻在千鈞一髮之際，負責攻小南門之莊錫舍向清軍投戈請降，使黨人大譁，只好倉皇收兵。

莊大田、林永等人圍攻府城之外，林爽文則親自指揮大軍，進攻被清軍奪回的諸羅城，清軍守將柴大紀以大炮二十餘座堅守城內，一時無法攻下，黨人只好陸續攻陷麻豆、笨港（今北港）等附近民莊，斷其餉道，絕其援兵。諸羅城攻防戰可說是林爽文起事以來最艱苦慘烈的一役，雙方整整僵持了五個月之久，大小戰鬥數十次，黨人在無法攻下諸羅之後，即以十餘萬大軍，層層包圍使無法接到外援、固守城中的清軍；清軍糧餉不濟，處境可憐。來臺任軍務的趙翼曾有〈諸羅守城歌〉描寫其苦境：

孤軍力支重圍中，草根樹皮枯腸充。翾（ㄒㄩㄢ xuān）飛鳥雀不敢下，恐被羅取為朝饔（ㄩㄥ yōng）。

自林爽文起事至今已近一年，而且諸羅清軍長期被困無法解危，清廷認為事態嚴重，親命陝甘總督大學士福康安率川、湘、黔、粵精銳大軍自鹿港入臺。

十一月六日，福康安親率精銳自鹿港出發。八日，與林爽文部隊戰於諸羅，林爽文不支敗退，諸羅解圍。清廷因改諸羅為嘉義，以「嘉」獎軍民之忠「義」。

十一月二十日，福康安自嘉義率大軍配合「義民」追擊林爽文，先後陷中林（今嘉義縣中埔鄉）、大埔林及大埔尾（均在今嘉義縣大埔鄉）、古坑（今雲林縣古坑鄉），直指斗六門。十一月二十一日，兩軍激戰於斗六門，林爽文不支敗退，退守大里杙老巢，「築土城高壘，列巨炮，內設木柵兩層，沿溪置卡，以拒清軍」。十一月二十四日，福康安對大里杙發動攻擊，林爽文不敵，退走集集，「築壘溪磡，斷木塞道，列營山上」，但清軍或繞山道或涉溪進，仍然於十二月十三日突破林爽文之防禦工事。林爽文只有往內山逃遁，福康安發動土著入山搜索，窮途末路的林爽文在老衢崎（在今苗栗縣）被擒，時為乾隆五十三（西元一七八八）年一月四日。

南路的莊大田在林爽文被捕後，先集結部眾於大武隴山內（在今嘉義東南六十里），福康安統大軍南下，一月二十日大戰於大武隴，莊大田由內山南走水底寮（今屏東縣枋寮鄉建興村）再走瑯嶠（今恆春）。一月二十五日，清軍南下克復下埤頭（今鳳山）。

二月五日，清軍與莊大田戰於柴城，莊大田部眾不敵，多被迫相率投海，清軍放槍炮擊，海為之赤。莊大田雖率少數殘黨竄伏山谷之間，不久之後也終被捕獲。一場臺灣史上空前的亂事就此平息。

「林爽文之役」耗時年餘，清朝三次派兵增援臺灣，甚至欽調精練大軍前來鎮壓，怪不得乾隆皇帝視平定臺灣亂事為其「十全武功」之一，對於勝利將軍福康安則封賞有加，命臺灣府城及嘉義縣各建生祠，御製詩文以紀其事，並圖形於紫光閣。凱旋之時，在熱河賜宴賦詩，並立碑熱河文廟，繫辭曰：

瀛壖（ㄖㄨㄢˊ ruán）外郡，閩嶠全區，厥名臺灣，古不入圖。神禹所略，章亥所無，本非扼要，棄之海隅。朱明之世，始聞中國，紅毛初據，鄭氏旋得。恃其險遠，難窮兵力，每為閩患，訖無寧息。皇祖一怒，遂荒南東，郡之縣之，闢我提封。一年三熟，蔗藷（ㄕㄨˇ shǔ）收豐，漸興學校，頗進生童。始之畏途，今之樂土。大吏忽之，洛其貧取，既嬉其文，復恬其武。匪今伊昔，叛亂屢睹。向辛丑年，昨丙午歲，一貴爽文，其亂為最。水陸提督，發兵於外，奈相觀望，賊益張大。天啟予衷，更遣重臣。百巴圖魯，勇皆絕倫，川湖黔粵，精兵萬人。水陸併進，至海之濱，至海之濱，崇武略駐。後兵到齊，恬波逕渡。一日千里，以遲為速，百舟齊至，神佑之故。馳救諸羅，群賊蜂擁。列陣以待，不值賈勇，如虎搏兔，案角攏種。頃刻解圍，義民歡動。斗六之門，為賊鎖鑰；大里之杙，更其巢落。長驅掃蕩，如風捲籜（ㄊㄨㄛˋ tuò）。夜攜眷屬，內山逃託。生番化外，然亦人類。怵之以威，賚之以惠。彼知畏懷，賊竄無地。遂以成禽，爽文首繫。狼狽為奸，留一弗可。自北而南，如上臨下。海口遮羅，山塗關鎖。遂縛大田，略無遺者。二人同心，其利斷金。曰福康安，智超謀深；曰海蘭察，勇敢獨任。三月成功，勳揚古今。既靖妖孽，當安民庶。善後事宜，康安是付。定十六條，諸弊祛故。永奠海疆，光我王度。凡八武成，蒙佑自天。雖今耄耋，敢弛惕乾。如曰七德，實無一焉。惟是敬勤，勵以永年。

戴潮春之亂

戴潮春，字萬生，彰化四張犁庄（今臺中市北屯區四民里），原籍漳州龍溪縣，家境富裕，曾任北路協署稿職。他的哥哥戴萬桂曾組織八卦會。

咸豐十一（西元一八六一）年，戴潮春因拒絕向他的上司北路協副將夏汝賢行賄而遭革職，這時他的哥哥戴萬桂已死，潮春家居，於是聚集舊黨，辦團練協助官府緝捕盜匪，很得彰化知縣高廷鏡的嘉賞，八卦會勢力大盛，終至擁有會眾數百人。

同治元（西元一八六二）年，八卦會勢力滋蔓甚盛，分巡臺灣兵備道孔昭慈認為有礙治安，親至彰化殺會黨總理洪某，又檄令淡水同知秋日覲到彰化平亂。三月十五日，秋日覲會同北路協副將林得成，率兵駐紮東大墩（今臺中市東區）準備剿辦會黨。三月十七日，八卦會面臨此威脅，終於正式擁戴潮春為首起義。

秋日覲及林得成駐紮東大墩時，有一名林日成者也募勇四百人來附。這林日成是四塊厝庄（似今臺中縣霧峰鄉的四德）人，體大性粗，綽號戇虎晟。林日成見清軍防備疏鬆，乘機攻擊秋日覲及林得成，結果秋日覲被殺，林得成也被逼自殺。

在林日成的幫忙下，會黨順利地攻陷了東大墩，接著攻打彰化城，彰化城中守兵不多，而且有黨人在城中內應，三月十九日輕易地攻占了彰化城，城中之清朝官員，分巡臺灣兵備道孔昭慈自殺，前任知縣高廷鏡被釋，知縣雷以鎮則因逃入齋堂得免一死，縣丞鈕成標因曾捕會黨多人，被處死；副將夏汝賢因平日貪酷又與戴潮春有怨，全家抄斬。

彰化城既陷，黨人鼓吹迎潮春，潮春冠黃巾，穿黃馬褂，以健卒十數人前後擁，騎馬入城，並出示安民，令蓄髮，遵明制，自稱大元帥，分封大將軍、督都、國師、丞相、尚書等官，設應天局於白沙書院，並設賓賢館於城內，用以禮待縉紳。

不久，大肚（今臺中縣大肚鄉）、牛罵頭（今臺中縣清水鎮）、葫蘆墩（今臺中縣豐原）、大甲（今臺中縣大甲鎮）等地相繼響應。五月中旬，戴潮春自稱東王，封林日成為南王，祭告天地後即出師攻阿罩霧（今臺中縣霧峰）、斗六門（今雲林縣斗六）。

戴潮春於同治元年九月攻克斗六門之後，便以斗六門為根據地，圍攻嘉義，但久攻不下，成僵持之局。

在戴潮春起事不久，即又形成漳、泉間之對立。戴潮春為漳州人，起事後泉州人並不很用心協力。因此，戴潮春攻打泉州人聚居之鹿港，但卻因此引起泉州人倒向官方，成為戴潮春很大的威脅。戴潮春此役的另一股民間牽制力量是團練，其中，最大的團練勢力是淡水竹塹（今新竹）的林占梅所辦的團練。

林占梅，竹塹豪族，道光年間，英人犯雞籠時，倡捐防費，後以襄助官府緝平地方之械鬥、亂事，屢獲嘉賞。戴潮春亂事一起，林占梅即糾集紳商，辦理團練，從戴潮春會黨手中奪回大甲、牛罵頭、梧棲等汛。林占梅於亂事久不平息後，又上書福建巡撫徐宗幹，建議進兵合圍會黨：「賊本烏合之眾，死據孤城，其勢難久。我軍前後進剿非不能戰，乃至今未克，誠以諸軍皆由鹿港而進，賊已備識虛實故也。若得省垣遣一大員，由淡水登岸，沿途招選兵勇，以壯聲勢；占梅當統練勇數千，同時南下，剿撫並行。彼將聞風膽落，不戰而平。」

徐宗幹於同治二（西元一八六三）年九月，派分巡臺灣兵備道丁曰健率兵三千，從淡水的雞籠（今基隆）登陸，與林占梅會於竹塹，十月間，與林占梅合兵反攻彰化城四周的村莊，進而於十二月三日攻陷彰化城。

清軍奪回彰化城之後，便與福建陸路提督林文察（阿罩霧人）合力圍攻斗六，戴潮春雖奮力抵抗，但最後僅能率幾十人竄入內山，藏匿於友人處，後經友人之勸，於十二月二十一日在北斗（在今嘉義縣民雄鄉）自首，被斬於市。

林日成原據守四塊厝，但同治三（西元一八六四）年正月，林文察率鄉勇攻之甚急，只好自殺身亡，於是戴潮春的亂事，大致平定。

十六、社會衝突的亂事

張丙之役

前述臺灣三大反亂，大都與會黨有關，其起事之基本原因，也曖昧不明，連雅堂氏每附麗以民族革命色彩，視之為反清復明之流亞。以下再舉兩件因社會經濟因素所引發的反官事件。

張丙，原籍漳州南靖，居於嘉義縣店仔口庄（在今臺南縣白河鎮），「能以信義庇鄉鄰，眾倚重之」。

道光十二(西元一八三二)年,因為夏季大旱,收成大減,為了保障糧源,各庄都禁止米糧輸出,張丙也與鄉人約定,無人敢違約。但有商人陳壬癸,在店仔口庄搜購稻穀數百石,準備運往府城,格於禁約,於是買通生員吳贊,在吳贊包庇下運送出境,此事被吳贊族人吳房探知,吳房為「逸盜」,夥同詹通截於途中。吳贊認為店仔口庄之米禁,既由張丙主持,此次中途攔搶米糧事件,也必定由張丙策動,於是向縣府告狀,謂張丙通盜截糧。嘉義知縣邵用之捕吳房殺之,並追緝張丙,張丙懷恨,曾挾持吳贊之妻孥,又為縣役救走;埋下張丙反官的種子。

那時有一閩人巨盜陳辨,居嘉義縣北崙仔庄(在今嘉義縣六腳鄉),他的族人因偷採雙溪口(在今嘉義縣朴子鎮與六腳鄉交界處)廣東豪族張阿凜之芋葉,被當場痛打,便跑到陳辨處哭訴。陳辨派人毀張家芋田以資報復,不久張阿凜也率眾焚燒陳辨住屋,陳辨於是邀集好友張丙合攻雙溪口,演成械鬥。

後來陳辨劫奪大埔林汛(在今嘉義縣大埔鄉)的軍械,總兵劉廷斌、北路協副將葉長春及知縣邵用之,合力夾擊陳辨,陳辨投靠王奉,又被清軍攻打,只好逃到店仔口庄投靠張丙。張丙認為官府專殺閩人,偏袒粵人,於是與詹通豎旗起事。

張丙起事後,自稱開國大元帥,定年號為「天運」,張貼告示,禁淫掠以安民。以詹通、黃番婆、陳運、陳辨、吳扁為元帥，劉仲、劉港、劉邦頂、王奉、陳委、洪番、吳貓、李武松、許六、孫惡為先鋒，柯亭為軍師。吳允不受封，自稱開國功臣，賴牛也自稱元帥，各於其居所附近，糾集黨羽，分大小四十六股，股首稱大哥，下為班首，所部曰旗腳，每股百餘人或數百人。

道光十二（西元一八三二）年十月一日，張丙率眾襲鹽水港佳里興（在今臺南縣佳里鎮）巡檢署，又劫下茄苳北勢坡（在今臺南縣後壁鄉）及八掌溪各汛。嘉義知縣邵用之雖率眾進剿，卻被張丙虜獲戮死。十月二日，臺灣知府呂志恆率南投縣丞朱懋及署遊擊周進龍等前往大排竹（在今臺南縣白河鎮）圍剿張丙，卻被張丙所敗，呂志恆、朱懋等被殺。十月三日，張丙率眾圍攻嘉義城，翌日並分眾攻大武隴汛及目加溜灣汛。十月七日，張丙手下之黃番婆攻破鹽水港（今臺南縣鹽水鎮）；嘉義方面的攻防戰也僵持近一個月。

在張丙的起事接連獲得勝利後，南北兩路便有人起而響應。北路方面，十月十二日，彰化縣人黃城豎旗於林圯埔（今南投縣竹山鎮），自稱興漢大元帥，以僧允報為軍師，與莊文一部合流，攻陷了斗六門（今斗六）。

南路方面，十月十日鳳山縣人許成，豎旗於觀音里角宿庄（今高雄縣燕巢鄉角宿村），年號也稱「天運」，封吳歐先為軍師，柯神庇為先鋒，以滅粵為口號，響應張丙。十月十四日，許成與臺灣縣人林海合攻阿公店（今岡山），為清軍擊退，又合力攻羅漢門（今高雄縣內門鄉）、鳳山、東港，都未攻陷。

福建方面接獲臺灣之警報後，命令福州將軍瑚松額及陸路提督馬濟勝領兵二千，於十一月一日登陸鹿耳門。十一月七日，清軍推進至茅港尾（今臺南縣下營鄉茅港村），和張丙部隊相遇，一戰之下張部敗退；翌日再戰，張部又失利。十一月十二日，清軍挺進至鐵線橋（今臺南縣新營鎮鐵線里），與張丙部隊隔橋對峙。十八日，兩軍大戰，張丙部眾被清軍三面挾擊，大敗而退。二十二日，張丙率二萬部眾反撲，戰鬥二日，仍然敗退，手下大將詹通、李武松被虜。三十日，清軍進兵到斗六門，與張部黃城激戰，黃城仍然無功而退。至此，張丙所部勢力已如強弩之末。十二月，張丙被捕，接著黃城、陳辨、詹通、陳連、吳扁也先後就擒。十二月七日，清軍以北路既平，由馬濟勝率軍赴鳳山，與許成對峙於三滴溝，翌日許成被捕，南路亦平。

郭光侯抗糧事件

抗糧（抗繳稅糧）也是反官的一種形式。臺灣的抗糧事件，以道光年間的「郭光侯事件」最為有名。

原來清代的臺灣是閩粵一帶軍糧、民食的重要供應地，因此臺灣田賦都以徵實（徵收實物）為原則，不像內地可以折合現銀繳納。直到嘉慶以後，一方面因為海上交通既有風濤之危險又有洋盜之猖獗，米糧運輸既笨重又危險，一方面倉儲的設備也頗費事，於是准許臺灣田賦折色納銀。

但田賦折色納銀的折算比率，並不以時價作標準，全由官府自行決定，往往是銀額比實際的穀價高出很多，官府以人民所繳之銀錢買米解送司庫，從中賺取差額。在折色納銀之初，官府規定繳穀一石折算納銀一元，後來改為二元，到了道光二十三（西元一八四三）年，臺灣道熊一本、臺灣府仝卜年、臺灣縣閻炘（ㄒㄧㄣ xīn）更變本加厲，改每石納銀二元五角至三元不等。這種情形對一般繳納田賦的農民來說，實等於是賦稅加重，當然引起民間的普遍不滿。

道光二十四（西元一八四四）年，臺灣縣知縣閻炘諭令納戶按期以折銀繳清田賦，受到縣民之抵制。糧總李捷陞深恐不能如期完納，稟請閻炘令典吏率領隸役四出迫催。富戶受到迫催，紛紛走避，隸役則拘捕貧民撻伐示儆。保西里（今臺南縣歸仁鄉）人葉周、劉取、余潮不堪隸役之橫暴，唆使群眾殺隸役洩恨。閻炘以民眾欲反，請會營剿辦。

這時有大戶許東燦，納資捐得同知銜，平日攬辦官租，與官府關係親密。也強迫納戶繳納現銀，農民決定不繳現銀，紛紛將租穀運至臺南東門下，堆積如山。許東燦一方面報告官府，一方面令其弟許東寮逮捕抗納現銀者。民眾無法，紛紛走投縣中大戶郭光侯。

郭光侯，本名崇高，是保西里的武生，為人富正義感，以義勇聞於鄉里，民眾前來請其主持公道後，他決定帶領大家集體赴府城請願。四月一日，郭光侯一行結隊進城，聲勢浩大，近東門時，守備誤以為民變，關閉城門並急報上級處理。城中文武登城詰問情由，民眾紛紛哭訴苦情，民眾不但沒有解散的意思，而且人數愈聚愈多，最後官府只好經由許東燦勸散民眾，並允許收回納銀成命。

翌日，鎮道以民變報告巡撫，巡撫不察實情，下令緝捕郭光侯，準備以「糾眾圍城」之罪治之。消息傳來，鄉民大為不滿，紛紛勸請郭光侯起事，但郭光侯認為「吾之出首者，冀幸官之一悟，民之一祥也，今事勢未可知，若稍有舉動，則罪案成矣」，主張從長計議，最後，郭光侯決定出面向官府解釋，但又恐因此反而自投羅網，於是改變主意，決定到京師詣闕自訴。

這時候適有李姓糖商來到保西里收購蔗糖，對郭光侯的遭遇深表同情，便將郭光侯藏匿在大糖簍中，與蔗糖一併用牛車運至安平港上船，郭光侯才得偷渡到天津。這時候，朝廷已下諭懲辦了。

到了天津的郭光侯，聽說閩晉江出身的御史陳慶鏞為人頗正直，於是至晉江會館哭陳事情始末，懇請陳慶鏞代為陳冤。陳慶鏞對於許東燦的惡跡早有耳聞，如今再聽郭光侯之哭訴，便上疏代為伸冤。結果臺灣知縣閻炘被解職，許東燦、許東寮兄弟及糧官李捷陞、黃應清、蔡堂等人也被解京訊辦。至於郭光侯雖得免以反亂之罪獲死，但也以「僨事」之罪，被處流刑，流到邊區。但臺南的民眾卻感念郭光侯的義勇行為，至今臺南一帶據說仍有供奉郭光侯祿位的。

十七、西力的到來

鴉片戰爭在臺灣

十九世紀中葉以後，西方勢力不斷與中國產生衝突。位於東南海上的臺灣以其地理位置的關係，很快地便成為西方列強注意的焦點，甚至最後被東鄰的強國日本所占。

道光十九年至二十二年（西元一八三九～一八四二），中英鴉片戰爭期間，北起山海關南至珠江口，都受到英國炮艦的侵擾，尤其閩、粵、江、浙沿海更是主要的戰場，廈門、定海先後受到英艦的侵攻，臺灣也未能倖免。

道光二十（西元一八四〇）年，中英戰事正式爆發後，閩浙總督鄧廷楨認為「閩洋緊要之區以廈門、臺灣為最，而臺灣又為該夷歆羨之地，不可不大為之防」，指示臺灣總兵達洪阿、臺灣道姚瑩嚴守口岸。七月間，曾有英船在鹿耳門外窺伺，朝廷於是加派在籍提督王得祿（嘉義人）會同臺灣鎮道協力嚴防，募集鄉勇，整修炮墩器械。

道光二十一（西元一八四一）年，中英和局破裂。八月，英艦二次北犯，攻占廈門鼓浪嶼、再陷定海、鎮海、寧波。當時安平（鹿耳門）與廈門的對航是臺灣與內地最重要的聯絡管道，廈門一失守，立即引起臺灣之不安，姚瑩就曾描述當時的情景：「臺灣孤懸海外，全藉廈門為援，今有此變，形勢愈覺孤危。……臺地郊商生理多在廈門，一聞警信，無不驚惶，風謠一日數起。」在臺主持防務之達洪阿、姚瑩，面對此危局，只好呼籲民間興辦團練義勇，一時之間團練義勇即達四萬七千餘人，比清朝官方之正規守戍部隊（一萬四千人）還多，其中以淡水貢生林占梅最為熱心。

九月末，鴉片戰爭之戰火終於波及臺灣。三十日，英艦「納爾不達」（Nerbudda）號進犯雞籠，受到艋舺參將邱鎮功及淡水廳同知曹瑾的還擊，結果「夷船桅折索斷，即隨水退出口外，海湧驟起，冲礁擊碎，夷人紛紛落水，死者不計其數，或鳧（ㄈㄨˊ fú）水上岸，或上杉板駛竄」，總計英艦船上之二百七十四人，除了二十九名西人與二名呂宋人生還及一部分溺斃外，被殺之西人有十名、印度人二十二名，共俘獲印度人一百三十三人、大炮十門。

十月十九日，英艦又至雞籠口外，我方遷散居民，堅壁清野。二十七日，英艦雖曾進入口內，炮擊炮臺、營房，但翌日即退去。

道光二十二（西元一八四二）年三月五日，我方在彰化外發現英船「阿恩」（Ann）號，達洪阿、姚瑩以漁船誘其擱淺，船破沉沒，生擒西人十九人、印度人三十人、粵人五人，奪得炮位十門。

在臺灣一連創折英艦的守將們，屢次受到朝廷的嘉評，據獲「阿恩」號船員後，更接到朝廷的處置指示：「除夷頭目暫行禁錮候旨辦理外，其餘各逆夷，均著即行正法，以抒積忿而快人心。」在臺的清朝官員，立即依此指示，於八月十三日除「夷目」九名及病死三十六名外，其餘一百餘人全部處斬。但卻因此又引發一場中英交涉。

原來根據道光二十二（西元一八四二）年八月二十九日所簽訂的「中英南京條約」第八條規定，所有戰爭期間被拘禁的英人應予釋放。當英方獲知在臺官員處斬英國戰俘一百餘人後，隨即向清方抗議，謂「納爾不達」及「阿恩」均為遭風船隻，遇害之人並非戰鬥人員，總兵達洪阿妄稱接仗獲俘，並「冒功揑奏，混行殺戮」，應將其「抵償籍沒」。

英國代表樸鼎查挾其戰勝者之威勢，不斷逼迫清方按其要求懲治達洪阿、姚瑩等人，當時負責與英國談判的耆英力主安撫，認為此時「民困財匱，將怯兵疲，不值因此一端，致和局又形決裂」，達洪阿、姚瑩雖然有功無過，且受兵民愛戴，「然不如是，竊恐該酋藉此尋釁，竟敢侵擾臺灣」。因此，清廷派遣怡良赴臺查辦。

怡良到臺後，即以「兩次英船之破，俱係遭風，並無接仗計誘等事，達洪阿等鋪張入奏，咎無可辭」為報告內容，要求懲治達洪阿和姚瑩。翌年（西元一八四三）四月二十三日，上諭將二人革職，並派軍機大臣會同刑部審訊，達洪阿仍然堅持原來接仗計誘的奏報，最後只有由朝廷以「追念其在臺有年，尚有微勞足錄」、「業已革職，著毋庸議」，免治其罪。不久，達洪阿、姚瑩又被起用。顯然，清廷究辦達洪阿、姚瑩僅在安撫英國之抗議而已。

開港通商

自從鴉片戰爭以後，英人即不時有窺伺臺灣洋面之舉。道光二十七（西元一八四七）

年，有海軍少校戈敦（Lieut R. N. Gordon），曾至雞籠調查煤層。道光三十一（西元一八五一）年，廈門英領事館翻譯巴夏禮（H. Parkers）以致謝華人拯救遭難英船為名，續來勘視。

道光三十（西元一八五〇）年正月，英使兼香港總督文翰（Bonham）正式照會兩廣總督徐廣縉提出雞籠煤炭的要求，徐廣縉以「臺灣係屬隔省，斷難允行」答覆。文翰轉而直接向閩浙總督劉韻珂提出照令，劉韻珂答以「臺灣非通商之地，該國船隻不應違約擅到。該處向不產煤，居民亦無燒煤之事。雞籠山為全臺總脈，該處居民係閩粵兩籍，性情強悍，保護甚嚴，久禁開挖，以培風水，斷非官員所能強勉。此事斷不能行。」

英方於請求開採雞籠不果之後，轉而試探更改口岸的可能性。原來〈南京條約〉規定之通商五口包括廈門、福州。英國以福州港口不佳，虧損甚多，頗想另換臺灣地方。面對英國的這種想望，劉韻珂依北京之指示，令在臺官員組織紳民，公告〈全臺紳民公約〉：

曩者，咦夷犯順，我成皇帝不忍百姓流離，罷兵議撫，准其通商；而不通商口岸，該夷官自行照會，不准夷人登岸。……臺灣非該夷應到之地，……地方官以和約在先，不便過與爭較，我百姓固未嘗與之立約也。……

以全臺紳民立場抵拒英人前來通商。但英國欲改換口岸的消息，僅見於報章，而不見英方正式提出。

除了英國之外，美國也對臺灣的利權和地理位置感到興趣。因為控制臺灣，不但有利於東南洋面的航行安全，而且可以做為補充燃料、飲水，甚至設立貨棧的基地。

美國人當中，最先主張占領臺灣的美國人是商人奈伊（Giedon Nye Jr.）。他因為其兄在臺灣附近洋面遭難，特地前來臺灣調查，他在咸豐三（西元一八五三）年給美國在華代理公使伯駕（Peter Parker），要求美國政府派員偵查臺灣，並將臺灣南部或東部占為己有。伯駕相當贊同奈伊的主張，曾建議美國政府採取行動。

不久之後，東來打開日本門戶的培理（Perry），在來到東方後，也於咸豐四（西元一八五四）年六月二十九日，派其屬下之海軍上校阿布特（Abbot）率艦來臺調查，其中有同船教士詹斯（Jones）曾從事礦產之勘察，又有海軍軍官庇里伯（Prebble）則測量雞籠港之港灣地勢。翌年（西元一八五五），培理回國後，與伯駕一致主張占領臺灣，在他向美國政府的報告中強調：中國之治權並不包括臺灣全島，臺灣東部大部為「番」人所有，美國如占有雞籠，不致引起華人之反對。這種中國治權不及於臺灣東部的看法，以後成為西方野心家很重要的論據。

伯駕、培理外，另有赫利思（Townsend Harris）其人，對臺灣亦深具興趣。赫氏於咸豐初年曾使寧波領事，搜集不少有關臺灣之資料，他認為應該由美國收買臺灣。

這些論客之「臺灣占有論」，並未付諸實現，但臺灣已成為西方國家注目之焦點。到了英法聯軍之後的〈天津條約〉，便將臺灣列為開港通商的地方了。

咸豐八（西元一八五八）年六月，清朝與英、法、美、俄四國先後簽訂〈天津條約〉，其中規定臺灣開口通商，其人民並可以在各口岸攜眷居住，且可賃房造屋，占地建教堂、學校、醫院、墳塋等。

〈天津條約〉中雖規定臺灣開口通商，但並未確切指定於臺灣何地開港，閩浙總督慶瑞等認為鹿耳門迫近郡城，鹿港港道淺狹，均不適開港，惟淡水廳滬尾一港，地近大洋，貿易所集，向為貿販之所，可為通商碼頭。於是同治元（西元一八六二）年七月十八日，英國在滬尾設立領事館；清廷也於該地設立海關，由福州將軍兼管，臺灣於焉正式開市。但當時臺灣北部之實際商區，則在艋舺（後漸移北鄰之大稻埕），更由於駐淡水英國代理領事之要求，所謂淡水一口，允其包括淡水河沿岸各地，於是艋舺、大稻埕均包括在內了。

臺灣正式開港貿易後，各國商船紛紛隨之而來，德國、葡萄牙、荷蘭、丹麥、西班牙、比利時、意大利、奧地利、日本、祕魯、巴西均相繼訂立通商條約。又依〈中法天津條約〉，臺灣、淡水為二口。福州稅務司法人美理登（De Meridens）除以滬尾作為正口外，臺灣城亦設正口，另以雞籠作淡水子口，打狗港（今高雄）作為臺灣府子口，於同治二（西元一八六三）年十月及同治三（西元一八六四）年五月相繼開放，於是臺灣實際開放四口。

炮艦與侵墾

開港之後，西人陸續進入臺灣，在臺灣引起不少對外糾紛。

臺灣沿海風濤險惡，經常有來往船隻在此罹難。同治六（西元一八六七）年三月十二日，美國商船羅發號（Rover），自汕頭開往牛莊途中，路經臺灣海峽，遇大風漂至臺灣南部海面，在七星岩（在今屏東縣）觸礁擊碎，船長以下十餘人駕小船逃生，在瑯嶠尾龜仔角鼻山（在今屏東縣）登陸，卻被當地「生番」殺害，只有一廣東籍水手倖免被害，逃至打狗（今高雄市）告官，英國領事乃派泊於安平之英艦柯爾摩號（Cormorant）前往調查。三月二十六日，柯爾摩號抵龜仔角，也受到「生番」的攻擊，只好退走。

當時美國駐廈門之領事為李仙德（Le Gendre），是一個對臺灣採取積極態度的人，在獲知美船失事船員被殺的消息之後，於四月初即趕來臺灣，欲進入「番地」調查，函請臺灣鎮、道協助。當時的臺灣鎮總兵劉明燈與兵備道吳大廷，答以：「生番」兇悍，行同禽獸，不可理喻，且「生番」不歸地方官管轄，不可擅入，以免滋事，欲求萬全，須從長計議，設法辦理。李仙德認為地方官員推諉，於是自己率二艘軍艦於六月十二日往討，也遭到土著的還擊，失利而回。

劉明燈、吳大廷雖見美艦被挫，但深恐美國再行大舉前來，更生事端，於是與李仙德商議合討。九月，劉明燈率兵進至瑯嶠，準備分路攻擊。九月十三日，李仙德親入「番地」大施手腕，威脅利誘，與土著頭目面議和約，約定此後如有中外遭風船隻，由該「番」妥為救護。結束一場戰事。

由於李仙德之親入「番地」，使李仙德成為西洋人中之「番」通，其對臺灣山區土著的了解，成為以後他慫恿日本出兵臺灣「番地」很重要的原因之一。

西洋人對於臺灣「番地」的窺視，還發生另一次的「大南澳侵墾事件」。

大南澳，一名南澳，在蘇澳南方三十餘公里處（今宜蘭縣南澳鄉）。同治七（西元一八六八）年五月，有德國商人美利士（James Milisch）與熟悉「番情」的英國樟腦商人荷恩（Horn）合作，由美利士以德國漢撒城市領事之名義發給荷恩開墾執照，並供給資金，至大南澳占墾。

荷恩率六名隨員，至大南澳「番界」勘察山場，宜蘭通判雖善言勸阻，但荷恩置之不理，反而以鹽、布、羽毛等物交結土著，甚至與「平埔番」頭目之女結婚，透過這名頭目之關係，招集不少平埔人參與開墾。

荷恩經過幾個月的經營，已略有規模，備有槍炮彈藥，並在大南澳建築土堡一處，草瓦房二十餘間，在小南澳建築一土牆，於其中建瓦屋三間、草棚十餘間，擁有工匠百餘名，防衛壯勇二十餘人。憑藉這些實力，荷恩儼然以當地統治者自居，不但砍伐木材運售雞籠之外，還對平埔人生產的農產品按實物之一五％抽稅，對以砍割風藤、薯榔為生的漢族移民，按實物二〇％抽稅。

丁承禧見荷恩恃強占有土地，乃向美利士抗議違約給照。美利士初則推諉此事係英人所為，繼則表示大南澳地方是「生番」地界，不屬噶瑪蘭廳所轄。丁承禧無法，只好轉請中央向英、德兩國公使交涉。英、德公使均以類似「已去函戒飭」等語拖延敷衍。

同治八（西元一八六九）年，事態益形擴大，美利士公然親赴大南澳擴大侵墾範圍，並於蘇澳港口山麓起造房屋三間，準備往來住宿，又不時自雞籠以食物、火藥運販蘇澳。清朝政府遂再向英、德抗議，表示必要時將「自行查拿」，英使雖答應將令荷恩撤出，但德使則意存袒護，專事推諉拖延。最後英使命荷恩撤出之命，亦不發生效果，荷恩仍然在美利士的資助下，侵墾如故。

由於德國公使有意袒護，美利士更加無有忌憚，於伐木、占墾、運販軍火之外，還明目張膽地私販樟腦、典賣煤山，甚至私設法庭，受理詞訟，拘捕華人「鞭毆重傷，酷押不放」。

在德國公使有意袒護美利士侵墾，美利士也積極發展其勢力之後，原本態度比較軟弱的英國方面也漸採強硬態度，先由英國駐滬尾領事聲言：大南澳地方不隸中國版圖，且荷恩已在大南澳地方投資巨款，即令撤回，亦須由地方官折價賠償。繼則於五月間有英艦前來蘇澳、大南澳地方示威。

六月，總理衙門再進行交涉，英、德始再飭令荷恩與美利士離去，不久又因荷恩所乘船遇風沉沒，溺斃海中，美利士孤立無助，其事始平。

羅發號事件和大南澳侵墾事件，顯示外國人普遍認為：「生番」地界，不隸中國版圖。這種想法，成為不久之後日本出兵征臺很重要的理據之一。

教案與商務糾紛

開港之後，西方教士積極進入臺灣傳教，西方商人積極進入臺灣貿易，不可避免地發生不少教案和商業糾紛。

臺灣之新教以長老會為主流，其來源有二：一來自英國，一來自加拿大，分別以臺灣南部與北部為中心，展開傳教工作。

英國長老會於西元一八六五年進入臺灣南部之臺南、旗後（今高雄市旗津區）；加拿大長老會在西元一八七二年進入北部淡水地區。雖然基督教士以醫療服務配合其傳教事業，但由於習俗不同，早期受到不少排教、仇教的抵抗，經常有搗毀教堂、毆打教徒的事件。

同治七（西元一八六八）年四月，鳳山教會傳教士高長被押，打狗（今高雄）長老教會教堂、鳳山埤頭長老會教堂、鳳山天主堂和臺南小東門天主堂也相繼被毀。

除這些教案之外，西方商人也因在臺的商務活動與臺灣地方官有所爭執，終而引起同治七（西元一八六八）年的樟腦糾紛。

開港之後，臺灣輸出的大宗之一是樟腦。由於樟腦的利潤甚厚，同治二（西元一八六三）年清政府採納當時臺灣道陳方伯的提議，實行樟腦官賣，由官辦腦館向製腦業者直接收購，再轉售洋行，不准外商自由買賣，使洋人之利潤大受影響，引起洋商之不滿，透過領事提出抗議，但都不得要領，埋下糾紛的種子。又依條約規定，外商除了在正式開放之港市進行貿易外，不得到內地市集或非開放港口進行貿易，但當時樟腦的集散地主要集中於中部的鹿港、梧棲一帶，外商為了採購方便，經常違禁潛入私購，也是造成糾紛的另一原因。

同治七（西元一八六八）年，英商必麒麟（Pickering）在梧棲私開洋棧，買集樟腦。六月，並欲將購得之樟腦（價值六千元）偷運出口，被鹿港同知洪熙恬查獲扣留，英國領事曾代為出面抗議，臺灣兵備道梁元桂答以樟腦屬於官營，私自購運即為犯法。八月，必麒麟又私自潛往梧棲收購樟腦，梁元桂以未經中國官方許可擅入內地，下令通緝，並由鹿港同知率兵緝捕，必麒麟開槍拒捕逃往淡水。

此時除了前述之教案外，臺北方面有英商在艋舺（在今臺北市萬華區）租設行棧，被地方民眾凌辱的事件。南部則有打狗洋商夏禮（Hardie），因抗納厘金與海關哨丁毆鬥事件。

英國領事吉必勳（John Gibson）以保護英商為藉口，要求英國政府派軍艦來臺，閩浙總督英桂見形勢緊張，急派興泉永海防兵備道曾憲德來臺處理。

曾憲德於十月底來到臺灣府城與英方談判，雖一再退讓，但吉必勳態度強硬，必欲撤換臺灣道梁元桂；曾憲德無法應其要求，十一月二十日吉必勳竟與武官茄當（Gurdon）率二艘軍艦至安平示威，二十五日茄當更向安平開炮，率兵登岸，占據營署，毀軍裝火藥庫，殺傷兵勇二十四名。副將江國珍倉猝應變，為英兵所傷，終服毒殉職。總兵劉明燈突遭此巨變，震驚失措，不敢抵抗，由紳商黃應清等前往乞和，茄當強要紳商交付現銀四萬元，作為停戰的抵押。

經此炮擊事件之後，曾憲德與臺灣知府葉宗元在屈辱的情況下，與英方重開談判，英方將前由紳商繳納之停戰抵押款送回三萬元，而以一萬元作為兵費之補償。十二月一日，雙方成立協議，對前此雙方關於教案、裁判及商務糾紛，均有所解決，其綱要計有：

一、廢止樟腦官營，外國人及其雇用者，均得自由收購。

二、商人因商業、遊覽，或其他必要事務，旅行臺灣時，道臺應發給護照。

三、賠償前此必麒麟遭扣留之樟腦損失六千元。
四、賠償被毀教會財產損失一千一百六十七元。
五、撤換道臺及鳳山、鹿港知事，懲處各地擾事兇手。
六、告示民眾，嚴禁誹謗基督教。
七、承認傳教士在臺灣各地有傳教、居住之權。
八、此後華洋糾紛，應由中、英二國迅速共同裁判。

事後，閩浙總督英桂認為英國領事吉必勳任性滋事，違約妄為，「若仍留在臺，勢必益無顧忌，後患愈深，並恐各國領事聞風效尤」，奏請向清政府交涉撤換吉必勳、茄當等英方肇事者。翌年（西元一八六九）一月，英方承認吉必勳行事不當，將之解職並交還兵費一萬元，但英方已實質取得自由收買樟腦、傳教、旅行之保障。

十八、日本的野心

牡丹社事件

開港通商，正式引入西洋勢力，臺灣的歷史已逐漸進入新的階段了，但使臺灣歷史有決定性改變的，還是要等到日本藉口「生番」殺害琉球人，而出兵臺灣的「牡丹社事件」之後。

同治十（西元一八七一）年十一月二十七日，琉球南部宮古島兩艘至沖繩本島朝貢回航的貢船，遭風漂至臺灣東南海岸，其中一艘船上有乘客六十九人，除三人溺斃外，六十六人涉水上岸，迷途進入山地，被土著部落的高士佛、牡丹社兩社土著殺害五十四人，其餘十二人經當地漢人楊天保營救，送往臺灣府城，轉送福州乘船回國。

這種外國船隻在臺灣洋面遭風遇難，乘客受到土著殺害、搶奪的事件，本是常事，不一定會引起很大爭端。但因當時日本明治維新之後不久，正在從事國內的統一工作，此事件正好提供其解決琉球問題的機會，因此演變成大事件。

原來，日本自明治維新（西元一八六八年）之後，即推動廢藩置縣政策，將原有封建性質之諸侯藩國納入中央政府的直轄之下，新設郡縣，原控制琉球內政之薩摩藩，被改為鹿兒島縣。但琉球自明朝以來即定期向中國朝貢，為中國之藩屬，日本一時之間無法將之納為己有。此次琉球人被殺事件，正好被日本政府利用來解決琉球問題。

琉球人被殺之消息傳到鹿兒島縣之後，鹿兒島縣參事大山綱良，即於同治十一（西元一八七二）年九月，要求日本政府興兵向臺灣問罪，接著日本冊封琉球國王尚泰為藩主，片面地將琉球納於其國內體制之中，為以後日本藉「保民」理由出兵臺灣埋下伏線。

這時，原美國駐廈門領事李仙德數次鼓動日本進兵臺灣，甚至受雇為日本外務省顧問，極力主張臺灣「番地」非中國政令所及，而且資源豐富，日本大可利用此機會出兵懲治肇事「生番」，並占領臺灣東部山區。

日本當時國內正有「內治」、「外征」孰為優先的內爭，一時之間「內治」派占上風，終使征臺之舉暫時停頓下來。但日本政府仍然利用同治十二（西元一八七三）年使節來華商談換約之際，試探中國態度。六月二十日，日本副使柳原前光向總理衙門大臣毛昶熙等人提出琉球人遭難事件時，清方雖答以：琉球、臺灣俱屬中國，不煩日本過問。卻同時表示：「生番」原為化外，未便窮治。此為以後日本出兵臺灣提供了藉口。

同治十二年十月，日本發生了「明六政變」，主張對韓國用兵不遂的西鄉隆盛、江廳新平相率引退，隨即引起不滿士族的動亂。日本政府為了安定內部，平抑士族之不滿，並且已自清朝官方得到「生番係屬化外」的口實，於是於同治十三（西元一八七四）年四月四日，設立「臺灣都督府」，以西鄉從道為臺灣事務都督，並以大隈重信為「臺灣蕃地事務局長官」，積極準備出兵征臺。

在此階段，日本國內發動豪商捐款，並向英、美等國租用輪船，雇用美國軍事顧問，襄贊征臺行動。但四月二十日，英國、美國等國的態度轉向消極，英國駐日公使巴夏禮、美國新任駐日公使平安（George Bingham）相繼責難日本之出兵行動，並強調該國人民嚴守中立。日本見英、美態度轉變後，也不敢強自行動，下令軍艦延期出發，但代表士族態度的西鄉從道悍然抗命，連夜率軍出發，於四月三十日經廈門航向臺灣。

五月十日，日軍在臺灣南部瑯嶠地方之射寮（在今屏東縣車城鄉射寮村）登陸。十八日與土著戰於四重溪，受挫。二十二日，日軍再與土著大戰於石門（在今屏東縣牡丹鄉石門村），土著雖依恃石門天險，激烈抵抗，但終不敵，紛紛投降，但牡丹社和高士佛社仍然頑強抵抗。六月二日，日軍以大隊人馬，分三路進攻牡丹社和高士佛社，土著潛伏於叢莽之中，架設巨木路障，奮勇抵抗，仍然不敵，日軍進入牡丹社盡毀其社，土著逃入內山。日軍改用勸誘方式，方使不少土著受騙出降。

日軍在「膺懲」肇事「生番」後，即紮營統領埔（在今屏東縣車城鄉統埔村），建立都督府，設醫院、修橋道，為屯田久駐之計，並謀征山後諸「番」，準備久踞。

被重視的臺灣

在日本積極部署征臺時，中國中央卻一無所知。直到四月十九日英國駐華公使威妥瑪（J. F. Wade）詢問「生番是否隸中國版圖，日本興兵曾否與中國商議」時，才獲知其事。地方方面也完全沒有警覺，四月三十日西鄉從道所率之征臺軍隊停留廈門時，當時廈門地方官吏竟被日方之「借地操練」所誑。

在外國使節紛紛電告日本出兵消息後，清廷才於五月十一日照會日本詰責，並於十四日派在福建之船政大臣沈葆楨帶領輪船兵弁，前往臺灣「生番」一帶察看，相機籌辦。二十七日，以日本兵船已赴臺灣，事機緊急，授沈葆楨為欽差，辦理臺灣等處海防兼理各國事務大臣，所有福建鎮道等官，均歸節制，又以福建布政使潘霨（ㄨㄟˋ wèi）為幫辦。

沈葆楨奉命之後，即與閩浙總督李鶴年上疏主張：聯外交，以國際輿論制裁日本；儲利器，購置鐵甲船及水雷槍彈，充實軍備；儲人材，調用提督羅大春，原臺灣道黎道棠會籌；通消息，安設福州、廈門間的陸路電線，及臺灣、廈門間的海底電線。

六月十四日，沈葆楨抵臺，斟酌臺灣防禦力量，於安平築三合土大炮臺，安設西洋巨炮，舉辦團練，開通道路聯絡東部、南部「番社」。七月，清朝通令沿海各省籌防，並命南北洋大臣李鴻章等調撥新式軍隊前來增防，淮軍精銳武毅銘字軍十三營六千五百人入臺，部署於鳳山。另外，陸上防務，北路由臺灣鎮總兵負責，南路由臺灣兵備道負責；海上防務以揚武、飛雲、安瀾、清遠、鎮威、伏波六艦常駐澎湖，福星一號駐臺北，萬年一號駐廈門，濟安一號駐福州。一時之間，臺灣防務大為增強。

雙方雖然劍拔弩張，但仍然在陣前和中央探尋解決爭端的可能性。六月二十日，潘霨等人搭輪船前往瑯嶠柴城，安撫「番社」，並先後與西鄉從道進行三次會談，西鄉從道對於和平交涉事宜完全推諉於北京的談判。

原來，日本在征臺軍出發後，即隨後派遣柳原前光赴華準備作外交折衝。柳原於五月底抵上海，但因尚在等待前方之軍事行動消息，因此不願與清方官員多談。七月底，柳原至天津會晤李鴻章，並轉北京準備與總理衙門談判。

八月七日，柳原與總理衙門的談判開始，清方的恭親王奕訢堅持主張臺灣「生番」確是中國地方，日本必須退兵，由中國自行查辦；柳原則表示：日本不能徒勞。顯然日本也有意求和，只是條件的問題，尚待斟酌。

九月初一日，日本以內務卿大久保利通為特派全權大臣來華。此次大久保與素來主張「番地」不隸中國版圖的李仙德同行。雙方會談之初，大久保執拗地堅持「生番」不隸中國版圖，雙方僵持不下。十月十八日，大久保終於表示解決之基本條件：必須得有名目，方可退兵，該國於此事費財力，中國如何令日本不致空手而回。對於日本的這個要求，總理雖然否認其中「兵費」之名目，但允許對被害人，「酌量撫恤」。問題是大久保表示至少須有二百萬兩，總署認為窒礙難行。二十四日，大久保以未符其所望，又重提兵費一事，並威脅：「議垂成緒，即欲回國，臺番為無主野蠻，日本一意要辦到底。」二十五日，大久保、柳原二人各遞照會，聲稱即行出京返國。

日本這個威嚇的姿態，終於得到效果。一直扮演調停角色的英國公使威妥瑪，再緊急會晤總理衙門大臣文祥關說，文祥等感到情勢迫切，恐日本鋌而走險，真正再發動戰事，又恐英國作日本後援，於是從優給予卹銀十萬兩。十月三十一日，中日雙方的妥協案終於成立。在這個妥協案中，除以「撫恤」及付給修道、建屋費用為名，償銀五十萬兩外，在序文中明言「臺灣生番曾將日本國屬民等妄加殺害」，並於第一條確認「日本此次所辦，原為保民義舉，中國不指以為不是」，等於承認琉球為日本所有，成為以後日本吞併琉球的一個理據。

日本的出兵臺灣，終以雙方妥協而解決，但此事件最重大的影響，是使清朝官員認識臺灣在國防上的重要性，一反二百年來封山禁海之消極政策，轉而採積極進取的治臺政策。

十九、從消極向積極的轉變

開山撫「番」

沈葆楨來臺，最重要的意義不在抵拒日本，而在於此後在臺灣的一連串政經措施。沈葆楨先後來臺兩次，第一次在同治十三（西元一八七四）年六月十七日至翌年（西元一八七五）一月三十日，停留期間大概為半年，第二次則因獅頭社「番」亂，於同治十四（西元一八七五）年三月二十日來臺，至八月二十二日離臺，停留五個月左右，沈葆楨在臺發動的基本經營，舉其大者有：開山撫番、解除海禁、增置郡縣、移駐巡撫、整頓軍政、採掘煤礦。

沈葆楨至臺整頓防務之初，即認為「番地」為滋生事端之所，應盡早綏撫招徠。又認為「務開山而不先撫番，則開山無從下手；欲撫番而不先開山，則撫番仍屬空談」，這樣的主張受到李鴻章的支持，於是積極進行開山撫番政策。

沈葆楨所主持的開山撫番政策，在同治十三（西元一八七四）年即分南北兩路進行，北路先後由臺灣道夏獻綸、提督羅大春負責，南路則由同知袁聞柝、總兵張其光負責。北路自蘇澳至歧萊，開路一百里，南路由赤山至卑南，約一百七十里。至翌年（西元一八七五）二月，又由總兵吳光亮主持中路之開山工作，由林圯埔至璞石閣，共二百六十五里，出秀姑巒之背，與自歧萊而來的北路接聯。這些橫貫臺灣東西的路線，平路以橫寬一丈為準，山蹊以六尺為準，沿途築設碉堡，派屯營哨，並沿途安撫良「番」，平服「凶番」，募民前往耕墾。

沈葆楨認為這種深入內山的開山工作之後，必須緊接著辦理以下十四項措施配合墾殖事業：屯兵衛、刊林木、焚草萊、通水道、定壤則、招墾戶、給牛種、立村堡、設隘碉、致士商、設官吏、建城郭、設郵驛、置廨署。至於與開山工作並行的撫番工作，則必須注意以下各事：選土目、查番戶、定番業、通語言、禁仇殺、修道塗、給茶鹽、易冠服、設番學、變風俗，可謂面面俱到。這些事業雖未能全數付諸實現，但臺灣內山的開發、治理方策，蔚然大備矣。

沈葆楨認為在臺之開山撫番工作，必須投入新的開墾人口，而要招徠開墾者，必須先打破渡海禁令，因此他奏請朝廷取消來臺之渡海禁令：

全臺後山除番社外無非曠土，邇者南北各路雖漸開通，而深谷荒埔，人跡罕至。有可耕之地而無可耕之民，草木叢雜，瘴霧下垂，凶番得以潛伏狙擊，縱闢蹊徑，終為畏途。久而不開，茅將塞之。日來招集墾戶，應者寥寥。蓋以臺灣地廣人稀，山前一帶，雖經蕃息百有餘年，戶口尚未充裕，內地人民向來不准偷越。近雖文法稍弛，而開禁未有明文。地方官思設法招徠，每恐與例不合。今欲開山，不先招墾，則路雖通而仍塞；欲招墾，不先開禁，則民裹足而不前。……際此開山伊始，招墾方興，臣等揆度時勢，仰懇天恩，請將一切舊禁，盡與開豁，以廣招徠，俾無顧慮。

於是，二百年來之封山、海禁完全解除！

因應這種臺灣內部的積極開發政策，及當時臺灣北部的開發情形，沈葆楨的另一主張是增設郡縣。同治十三（西元一八七四）年十二月，於親赴南路瑯嶠一帶勘查後，奏請新設恆春縣。翌年（西元一八七五）二月，更奏設卑南廳，以便統轄後山「番界」。

至於北路，則以懇地日闢，文風日盛，且淡水開港通商，情形複雜，奏請於北路建臺北一府三縣：

……伏查艋舺當雞籠、龜崙兩山之間，沃壤平原，兩溪環抱，村落衢市，蔚成大觀。西至海口三十里，直達八里坌、滬尾兩口，並有觀音山、大屯山以為屏障，且與省城（即福州）、五虎門遙對，非特淡蘭扼要之區，實全臺北門之管鑰。擬於該處創建府治，名之曰臺北府，自彰化以北直達後山，胥歸控制，仍隸臺灣兵備道，其附府一縣，南劃中櫪以上至頭重溪（在今桃園縣楊梅鎮）為界，計五十里而遙，北劃遠望坑（在今臺北縣貢寮鄉）計一百二十五里而近，東西相距五六十里不等，方圍折算百里有餘，擬名之曰淡水縣。自頭重溪以南至彰化界之大甲溪止，南北相距百五十里，其間之竹塹，即淡水廳舊治也，擬裁淡水同知，改設一縣，名之曰新竹縣。自遠望坑迤北而東，仍噶瑪蘭廳之舊治疆域，擬設一縣，名之曰宜蘭縣。惟雞籠一區，以建縣治，則其地不足，而通商以後，竟成都會，且煤務方興，末技之民四集，海防既重，訟事尤繁，該處向未設官，亦非佐雜微員所能鎮壓。若事事受成於艋舺，則又官與民交困，應請改噶瑪蘭通判，為臺北府分防通判，移駐雞籠以治之。

承認臺灣北部之發展與進展，臺灣發展上南北易勢的情形，如實地表現在設官治理之上。

近代經營的開始

英、美對於雞籠附近的煤礦，相當重視，曾數度要求前來開採，均被清朝官方拒絕，後雖開放民間開挖，但並未導入西洋新式技術，光緒元（西元一八七五）年，沈葆楨上奏：

……然墾田之利微，不若開煤之利鉅；墾田之利緩，不若開煤之利速。南北各省按日以煤炊爨，入冬以煤禦寒。若出口暢旺，煤價必昂，於民間不無窒礙，而臺灣則炊爨禦寒均無需此，除出口外，別無銷路。雖其煤質鬆脆，不敵西洋之產，而較之東洋，尚去不遠。

然臺煤雖富，年來開採仍不甚旺，其故由於滯銷。西洋之煤，金山最夥，從前船隻皆繞金山而來，貨物之外，以煤壓載，煤佳價平，固非臺煤所能敵，自埃及紅海開通以後，洋船無須繞道金山，而金山之煤遂稀，價亦日昂。而臺煤仍不暢銷，則必減輕稅率，以廣招徠。此後稅率雖減，而入款仍不懸殊，則於民間生計當有起色。

從國際煤產之供銷大勢，主張臺灣之煤產應以外銷為目的，大量開採；於是，以何恩綺、李彤思為辦理煤務委員，聘英人翟薩（David Tyzack）來臺勘查礦脈。翌年（西元一八七六），更設煤廠於八斗子，聘美籍工程師配合新式機器大量開採。

另於郵電方面，沈葆楨以舊式鋪遞不能迅速傳遞軍情，於是另設南北二文報局，一在臺南，一在臺北，分置正站、腰站、尖站、宿站，專司公文之傳遞。私人信件，則由長足遞送或由私人所設之「批館」，代為傳達；是為臺灣近代郵政之濫觴。至於電報，雖曾與上海丹麥人所經營之大東電報公司交涉，計劃分水陸兩路架設，但因沈氏駐臺不久，未果。

沈葆楨對於臺灣內部吏治、營制的改革亦有其構想，依沈葆楨之觀察，臺灣當時之現況是：

> ……班兵之惰窳也，蠹役之盤踞也，土匪之橫恣也，民俗之蹈淫也，海防陸守之俱虛也，械鬥紮厝之迭見也。學術之不明，庠序以容豪猾；禁令之不守，菸賭以為饔飧。

對於這種社會積弊，沈葆楨歸因於臺灣吏治之壞：「臺民遊惰可惡，而實戇直可憐。所以常聞蠢動者，始由官以吏役為爪牙，吏役以民為魚肉，繼則以官為仇讐（ㄔㄡˊ chóu）。詞訟不清，而械鬥、紮厝之端起，奸宄得志，而豎旗聚眾之勢成。」

另外，在臺班兵「積弊之深，尤所罕見」，他說：

> 汛弁則干豫詞訟，勒索陋規，兵丁則巧避差操，雇名頂替。班兵皆由內地而來，本係各分氣類，偶有睚眦之怨，立即聚眾鬥毆。且營將利弁兵之規費，弁兵恃營將為護符。兵民涉訟，文員移提，無不曲為庇匿。間有文員移營會辦案件，又必多方刁

難需索，而匪徒早聞風遠颺矣！

對於吏治、軍紀之腐敗，沈葆楨主張移福建巡撫駐臺，並收軍權由巡撫管轄，希望一舉解決臺灣之積弊：

……宜仿江蘇巡撫分駐蘇州之例，移福建巡撫駐臺，而後一舉而數善備。何以言之，重洋遠隔，文報稽遲，率意逕行，又嫌專擅，駐巡撫則有事可以立斷，其便一。鎮治兵，道治民，本兩相輔，轉兩相妨，職分不相統攝，意見不免參差。上各有所疑，下各有所恃，不賢者以為推卸地步，其賢者亦時時存形跡於其間。駐巡撫則統屬文武，權歸一尊，鎮道不敢不各修其職，其便二。鎮道有節制文武之責，而無遴選武文之權。文官之貪廉，武弁之勇怯，督撫所聞，與鎮道所見，時或互異，駐臺則不待採訪，而耳目能周，黜陟可以立定，其便三。城社之臣姦，民間之冤抑，睹聞親切，法令易行，公道速伸，人心帖服，其便四。臺民菸癮本多，臺兵為甚；海疆官制久壞，臺兵為尤。良以弁兵由督撫提標抽取而來，各有恃其本帥之心，鎮將設法羈縻，只求其不生意外之事，是以比戶窩賭，如賈之於市，農之於田。有巡撫則考察無所瞻循，訓練乃有實際，其便五。

福建地瘠民貧，州縣率多虧累，恆視臺地為調濟之區，不肖者骫（ㄨㄟˇ wěi）法取盈，往往不免，有巡撫以臨之，貪黷之風，得以漸戢，其便六。

向來臺員不得志於鎮道，及其內渡，每造蜚語中傷之，鎮道或時為所挾，有巡撫則此技悉窮，其便七。

臺民遊惰可惡，而戇直實可憐，所以常聞蠢動者，始由官以吏役為爪牙，吏役以人民為魚肉，斷則人民以官吏為仇讐，詞訟不清，而械鬥紮厝之端起。奸宄得志，而豎旗聚眾之勢成。有巡撫則能預拔亂本，而塞禍源，其便八。

況開山伊始，地勢殊異，成法難拘，可以因心裁酌，其便九。

新建郡邑，驟立營堡，無地不需人才，丕倅將領，可以隨時札調，其便十。

設官分邑，有宜遠久者，有屬權宜者，隨時增革，不至廩食之虛縻，其便十有一。

開煤煉鐵，有策資民力者，有宜參用洋機者，就近察勘，可以擇地而興利，其便十有二。

夫以臺地向稱饒沃，久為他族所垂涎，今雖外患暫平，旁人仍耽耽相視，未雨綢繆之計，正在斯時，而山前山後，其當變革者，其當創建者，非數十年不能成功，而化番為民，尤當漸積優柔，不能渾然無間，與其苟且倉皇，徒滋流弊，不如先得一主持大局者，事事得以綱舉目張，為我國家億萬年之計。況年來洋務日密，偏重東南，而臺灣孤懸海外，七省以為門戶，關係非輕，欲固地險，在得民心，欲得民心，先修吏治營制，而整理吏治營制之權，操於督撫……

沈葆楨這個移福建巡撫駐臺的建議，最後被清廷所否決，而改採福建巡撫冬春駐臺，夏秋駐省（福建）的折衷辦法。沈葆楨全盤地更改臺灣營制的構想也因此未能實現，但福建巡撫半年駐臺，已啟臺灣建省之端矣！

持續的積極政策

沈葆楨雖因在臺時間短暫，而且不久即被調升兩江總督兼通商大臣，離開福建，其有關臺灣之各種興革構想，未能完全付諸實行。但接任之船政大臣丁日昌，也極注重臺灣之建設，尤其丁氏於同治十三（西元一八七四）年冬，繼王凱泰之後接任福建巡撫，成為實際從事臺灣治理事務的負責人，更繼承沈葆楨原有之開放進取方針。臺灣之「洋務運動」即在沈葆楨開其端，丁日昌繼其後的情況下推展開來了。

丁日昌也是通達外情的洋務官僚，頗受李鴻章倚重。他於光緒二（西元一八七六）年十一月，依福建巡撫冬春駐臺之規定，離開福建來到臺灣。到臺後，巡視臺灣南、北路，由基隆歷後山，然後折返艋舺，再行南下，歷新竹、彰化、嘉義、臺灣府城、恆春，綏靖鳳山境內悉芒社及獅頭龜紋諸社，諭令薙髮歸誠，賞以銀牌、布匹等物。並且下令：「通飭全臺文武，於善良之番，善為撫綏，不准百姓稍有欺凌，通事稍有壟斷。其原有田地，設立界址，不准百姓稍有侵占。並每社設立頭目，稍予體面，以資約束。……其未經就撫凶番，嚴禁接濟軍火，並不准百姓與之銷售貨物。庶幾受撫之番，有利而無害，則向化之心益堅，不受撫之番，有害而無利，則革面之心益篤。」

除了對土著之剿撫之外，丁日昌特別注意在臺開發礦產，他請來外籍技師協助採煤，並關閉民間所開煤礦，全數以官費收回官辦。設立官煤局統籌其事。他還派人查勘臺灣的石油礦藏，先後在淡水牛琢山和苗栗後壟貓裡社開採石油。對於臺灣傳統礦產之硫磺，也派人實地查勘，於產區設立界碑，不許百姓私煮。依丁日昌的構想，臺灣所產之硫磺可以運至各省供配製火藥之用。丁日昌也知道製鐵業在近代工業中所扮演之角色，「蓋外國一切製造，皆從鐵務生根，工匠不鍊鋼，軍事斷無起色」，所以在大水堀地方查得鐵礦之後，甚至「擬將鐵苗寄至英國傾鎔，分准成色若干」。

丁日昌計劃由福州至臺灣北部鋪設海底電線，再由臺灣北部架設陸上電線，以至臺灣南部，此計劃後來以原擬鋪設於福州、廈門間之電線，鋪設於臺灣府城至旗後（今高雄）和臺灣府城至安平之間，共長九十五公里。至於原議設的臺灣府城至基隆的電線，則以電線器材不足，無法興建，閩臺間之海底電線計劃，也因丁日昌告假回籍養病而擱置。但已完成的臺南至高雄間的電線，卻是中國最早的電線之一（另一條是福州至馬尾的電線。又此所謂電線，乃是電話線）。

丁日昌的臺灣經營政策中，值得注意的是主張興建臺灣縱貫鐵路。他從國防、軍事、治安的觀點，歸納出臺灣不建鐵路有十害，建鐵路有十利，而且以臺灣之條件（民情、地勢、經費等）有七無慮。他主張鋪設縱貫鐵路的理由大致如下：

一、臺灣前山雖經開闢，但每夏秋溪河盛漲時，文報往往不通。鐵路日行迅速，軍情瞬息可得，文報迅速可通。

二、後山另為外人所據，且多「生番」，屯駐重兵費鉅且繁，有鐵路即可擇要地屯駐，遇有緊急，大軍可朝發夕至，隨時支援。

三、臺灣四面環海，海口眾多，敵人以飄忽之輪船，隨時可以登陸。若有鐵路即可南北駐紮精兵，隨時馳援。

四、臺灣民情浮動，治安不良，內山「番」民更不時蠢動。有鐵路則「朝聞萌櫱，夕壓重兵，禍亂不生，商民安堵，百貨疏通」。

五、臺灣防兵二十餘營，分散駐紮，難於集中訓練、稽查。有鐵路即可集合訓練、稽查。

六、府城以安平為港，然安平水淺，不便上陸，如有鐵路即可改由他口上岸，轉由鐵路運送。

依丁日昌的構想，此縱貫鐵路「從前山極北之雞籠起，至極南之恆春止」。但這個建設縱貫鐵路的構想，後來卻因丁日昌未積極籌措經費，而且改變主意，認為鐵路之建設，僅可以顧臺灣，「鐵甲船則可以兼顧沿海七省」，遂移鐵路經費於購買鐵甲船了。

丁日昌之後的福建巡撫為吳贊誠，他也曾經深入山區，辦理開山「番」務。後來則有臺灣道劉璈（光緒七年八月～十一年六月在任）致力於臺灣之洋務經營，籌辦防務，整頓軍紀、煤務、鹽務、洋藥（鴉片）、茶、樟腦、釐金，著有成績。

二〇、中法戰爭與臺灣

口岸戰爭與封鎖

「牡丹社事件」後，另一次外國以武力侵襲臺灣，是在光緒十年至十一年間（西元一八八四～五年）的中法戰爭。

中法兩國在越南的爭執，前後將近十年。光緒十（西元一八八四）年六月間，戰火擴大到福建、臺灣沿海，臺灣成為重要的戰場。

在中法問題僵持期間，光緒九（西元一八八三）年七月，清廷派淮軍名將劉銘傳以巡撫銜督辦臺灣軍務，率兵增援臺灣。

在劉銘傳抵臺前，臺灣軍事最高負責人是兵備道劉璈，防務重南輕北。全部防軍四十營，其中三十一營駐在以臺灣府城為中心的南部地方，地域廣闊的北部只有配置九個營的軍力。劉銘傳抵臺後，首先在臺北設立大營，另以基隆、滬尾為據點，將防務重心移往北部。他把臺灣的軍力重新部署：以曾文溪以南至恆春為南路，兵力五千，由兵備道劉璈統領；曾文溪以北、大甲溪以南為中路，兵力三千，由臺灣鎮總兵萬國本統率；大甲溪以北至東海岸蘇澳為北路，兵力四千，由劉銘傳本人及福建提督曹志忠統率；後山一帶為後路，兵力一千五百，由副將張兆連統率；澎湖各島為前路，兵力三千，由水師副將周善初統率。

基隆炮臺原來僅有大炮五門，地勢低下，又位於港門之內，劉銘傳詳察地形後，在外海港門鱗屯、社寮兩山增築炮臺兩座，另外在滬尾、安平、澎湖也增築炮臺，在滬尾海岸埋設地雷，港口敷設水雷，在打狗港沉埋土石填塞港口，在媽宮敷設鎖鏈以擋阻敵艦。他還大辦團練，以陸團守內地，漁團守海口，各村莊自辦保甲。另外，發動地方仕紳輸力輸財，臺北府哨兵奚松林募兵一千五百人，自備軍械。彰化林朝棟自備糧餉，募勇五百，防守獅球嶺。臺北富戶林維源捐銀三十萬兩，彰化縣認捐四十萬兩，各地郊商也踴躍捐獻，一時之間臺灣之防務與人心，大為增強。

光緒十（西元一八八四）年四月，法艦首次前來基隆窺伺，並強制買去煤炭一千擔。八月五日，法海軍副將提督利士比（Lespés）率艦至基隆，要求守軍交出炮臺，守軍不從，法軍以強烈火力開火，守軍自社寮炮臺還擊，擊中法軍旗艦，法軍改用側擊，避過守軍炮火。由於守軍炮臺只有當門一炮，無法旁攻，致為法艦猛烈炮火所毀，火藥庫也中彈爆炸，守軍在無炮火掩護的情況下，只好向內地撤退。於是法軍自大沙頭登陸。

六日下午，登陸之法軍向基隆市街前進，並攻擊附近高地，守軍自各方向進行反擊，經過幾個小時的激戰，法軍損失慘重，狼狽退回海上。

此役守軍雖然獲勝，但劉銘傳認為基隆港完全處在敵艦炮火射程之內，防守不易，而且距離臺北府城較遠，即使法軍上陸，可利用基隆、臺北間之複雜地形設防，敵軍不可能直撲臺北；但淡水、臺北距離較近，道路平坦，也有淡水河可直溯臺北，一有意外，務必危及臺北，影響全局。因此，劉銘傳改變備戰布置，將主力集中於防守淡水。

九月三十日，法軍分為二路進犯北臺，一由孤拔（Courbet）率五艘軍艦進犯基隆；一由利比士率三艘軍艦猛攻淡水。十月一日，孤拔率領之法軍，在法艦猛烈炮火掩護下，於基隆仙洞東面海濱登陸，曹志忠、林朝棟率領之守軍扼守獅球嶺苦戰。但劉銘傳於獲知另有一路法軍猛攻淡水之後，決定堅壁清野，焚毀存煤，破壞煤坑，退保淡水。

十月二日，利比士指揮之法艦猛攻滬尾街，炮臺守軍還擊，法軍兵力不足，不敢登陸，向基隆請援。十月八日，滬尾法軍獲得基隆方面之支援後，以七艘軍艦之炮火猛轟陸上各據點，並乘勢在沙崙東北海邊登陸。但法軍不慣陸戰，在守軍有計畫地埋伏圍攻之下，不但被追擊退回艦上，而且傷亡慘重。

法軍在臺灣的陸上戰鬥，雖然一再失利。但在海上的戰爭卻幾乎全勝，於是法軍宣布自十月二十三日起封鎖臺灣。海面受到封鎖的臺灣，陷入必須背水一戰的孤立狀態，情勢非常惡劣。

十一月中旬以後至翌年（西元一八八五）二月間，法軍不斷攻擊基隆周圍之據點，雙方雖互有勝負，卻也人馬俱疲。在三月初，法軍又發動大規模之進擊，守軍抵擋不住，月眉山失守，退守基隆河南岸，正逢河水暴漲，法軍無法渡河，再加上後方守軍及時趕到增援，使法軍始終不能渡河南下。

法軍雖發動多次進擊，但始終局促於基隆港周圍一隅，而且經常受到守軍反攻的威脅。於是法軍在光緒十一（西元一八八五）年三月底，派艦攻占守禦較弱的澎湖。

但不久之後的四月六日，兩國達成協議，宣布停戰撤兵。十六日，臺灣解除封鎖，基隆、澎湖的法軍開始撤退，但法軍征臺之海軍將校孤拔，卻在六月十一日病卒於澎湖。

獨立建省

牡丹社之役，沈葆楨來臺整頓防務，而開臺灣近代化之先聲；中法戰爭，劉銘傳來臺籌劃戰守，更使臺灣之經營建設全面地展開。

劉銘傳在臺期間，最重要的一個發展，是臺灣的建省。臺灣建省的發論，是光緒元（西元一八七五）年沈葆楨福建巡撫移駐臺灣的建議。雖然沈葆楨的建議，沒有被清廷接受，但結果的折衷案是福建巡撫半年駐臺，半年駐省（福州）。為往後臺灣獨立建省踏出了決定性的一步。

光緒二年十二月（西元一八七六年一月），刑部佐侍郎袁保恆上疏：

> 臺灣之地，雖僻海濱，而物產豐富，各國垂涎。倘為外人盤踞，則南北洋各處，出沒窺伺，防不勝防，加以民番雜處，區劃尤難，非專駐大臣，鎮以重兵，舉其地之

民風、吏治、營制、鄉團，事事實力整頓，洽以德意，孚以威信，未易為功。查直隸四川、甘肅各省，皆以總督兼辦巡撫，可否改福建巡撫為臺灣巡撫，常川駐守，經營全臺；其福建全省事宜，專歸總督辦理。事任各有攸司，責成即有所屬，似於臺灣目前情形，不無裨益。

當時的福建巡撫丁日昌，也上疏表示：分駐兩地，往來不便，請朝廷「簡駐重臣，督辦數年，而後建省」。但李鴻章反對這種辦法，因此在臺灣專設巡撫的建議就此被打消了。

到了中法戰爭期間，劉銘傳以直隸陸路提督身分來臺整備防務，戰事結束之後，以劉銘傳為福建巡撫。光緒十一（西元一八八五）年五月，劉銘傳以「訪求利病，深見臺事實有可為」，而且「今大局雖云粗定，而前車可鑒，後患方殷，一切設防、練兵、撫番、清賦諸大端，均須次第籌辦，縱使專心一志，經營十年，尚恐難收實效」，因此決心辭去福建巡撫，專力經營臺灣。

這時候，欽差大臣左宗棠更是上書，重提十年前袁保恆臺灣建省舊議：

……今日之事勢，以海防為要圖，而閩省之籌防，以臺灣為重地，臺雖設有鎮、道，一切政事，必稟承督撫，重洋懸隔，文報往來，平時且不免稽遲，有事則更虞梗塞，如前次法人之變，海道不通，諸多阻礙，其已事矣。

臣查同光之交，前辦理臺防大臣沈葆楨躬歷全臺，深維利害，曾有移駐巡撫十二便之疏，比經吏部議准在案，嗣與督臣李鶴年、巡撫王凱泰仍以巡撫兼顧兩地覆奏。光緒二年，侍郎袁保恆請將福建巡撫改為臺灣巡撫，其福建全省事宜，專歸總督辦理。部議以沈葆楨原奏，臺灣別建一省，苦於器局未成，彼此相依，不能離而為二，未克奉旨允行。厥後撫臣丁日昌以冬春駐臺、夏秋駐省，往來不便，因有專簡重臣督辦數年之請。

臣合觀前後奏摺，督撫大臣謀慮雖周，未免各存意見，蓋王凱泰因該地瘴癘時行，心懷畏怯，故沈葆楨循其意，而改為分駐之議。丁日昌所請重臣督辦，亦非久遠之圖，皆不如袁保恆事外旁觀，識議較為切當。

夫臺灣雖係島嶼，綿亙亦一千餘里，舊制設官之地，只海濱三分之一，每年物產關稅，較之廣西、貴州等省，有盈無絀，倘撫番之政，果能切實推行，自然之利，不為因循廢棄，居然海外一大都會也。且以形勢言，孤峙大洋，為七省門戶，關係全局，甚非淺鮮，其中如請求軍備，整頓吏治，培養風氣，疏濬利源，在在均關緊

> 要，非有重臣以專駐之，則辦理必有棘手。以臣愚見，惟有如袁保恆所謂，將福建巡撫改為臺灣巡撫，所有臺灣一切應辦事宜，概歸該撫經理，應事有專責，於臺防善後，大有裨益。
>
> 至該地產米甚豐，內地本屬相需，若協濟餉項，各省尚通有無，亦萬無不為籌解之理，委用官員，請照江蘇成例，各官到閩之後，量缺多少，簽分發往。學政事宜，並歸巡撫兼管。勘轉命案，即歸臺灣道就近辦理。其餘一切建置分隸各部之政，從前已有成議，毋庸更張，專候諭旨定案，即飭次第舉行。

其他內外臣工也多有上言以臺灣專設巡撫者。軍機大臣醇親王奕譞（ㄒㄩㄢ xuān）、總理各國事務大臣慶親王奕劻（ㄎㄨㄤ kuāng）、北洋通商大臣李鴻章及大學士們也表示贊成。於是清廷遂於光緒十一（西元一八八五）年十月十二日，正式宣布：

> 臺灣為南洋門戶，關繫緊要，自應因時變通，以資控制。若將福建巡撫改為臺灣巡撫，常川駐紮；福建巡撫事，即著閩浙總督兼管……。

命劉銘傳為首任臺灣巡撫①。

【註釋】

① 臺灣建省立意雖在光緒十一（西元一八八五）年，但行政之實際運作則要到光緒十三（西元一八八七）年之後。

新行省之建置

光緒十一（西元一八八五）年清廷宣布臺灣建省之後，臺灣之行政系統便以省級規模陸續整編增設，其省級單位計有：撫臺衙門、布政使衙門、按司道衙門和巡撫直轄機關。其職掌大致如下：

㈠巡撫衙門：設於臺北。

巡撫為全省首長，綜理全省行政、司法政務，統制全省陸海軍務，掌轄撫墾事務，監理軍署之製造，裁斷州縣之廣置，任免文武官員，監督管理洋務海關及常關，並兼任學政使。

㈡布政使衙門：設於臺北。

布政使為全省庶務行政之首，掌理省內關稅之外的一切稅務、土地田畝之整理、各省協餉事務、全省鹽務（臺灣部分劃歸駐臺南之按司道兼理）、全省釐金、文武職員之給與、歲出入決算之編製及上奏等事務。

㈢道臺：駐於臺南。

道臺司按察使事務，但因駐於臺南，故兼理一部分臺南布政事務，並監督臺南之地方行政。

在此三個省級機關之外，劉銘傳另外設立很多直屬的專門機構：如茶釐總局、稅釐總局、鹽務總局、碳油局、支應總局、軍火總局、火藥總局、電報總局、郵政總局、臺灣鐵路局、煤務局、輪船局、官醫局、腦務總局、全臺撫墾局、內臺清賦局等三十餘個新政、洋務有關之機構。

在地方的府縣行政組織方面。光緒十三（西元一八八七）年，劉銘傳上〈臺灣郡縣添改撤裁摺〉，重新規劃臺灣之行政區別，其主要內容為：

查彰化橋孜圖地方，山環水複，中開平原，氣象宏開，又當全臺適中之地，擬照前撫臣岑毓英原議，建立省城。分彰化東北之境，設首府曰臺灣府，附廓首縣曰臺灣縣。將原有之臺灣府縣改為臺南府、安平縣。嘉義之東，彰化之南，自濁水溪始，石圭溪止，截長補短，方長約百餘里，擬添設一縣曰雲林縣。新竹、苗栗街一帶，扼內山之衝，東連大湖，沿水新墾荒地甚多，擬分新竹西南各境，添設一縣曰苗栗縣。合原有之彰化縣及埔里社通判，四縣一廳均隸臺灣府屬。其鹿港同知一缺，應即撤裁。淡水之北，東抵三貂嶺，番社紛歧，距城過遠；基隆為臺北第一門戶，通商建埠，交涉紛繁，現值開採煤礦，修造鐵路，商民麕集，尤賴撫綏；擬分淡水東北四堡之地，撥歸基隆廳管轄，將原設通判改為撫民理番同知，以重事權。……後山形勢，北以蘇澳為總隘，南以卑南為要區，控扼中權，厥惟水尾。其地與擬設之雲林縣東西相直，聲氣未通。現開山路百八十餘里，由丹社嶺、集集街徑達彰化。將來省城建立，中路前後脈絡，呼呼相通，實為臺東鎖鑰；擬添設直隸州知州一員，曰臺東直隸州。左界宜蘭，右界恆春，計長五百里，寬三四十里、十餘里不等，統歸該州管轄，仍隸臺灣兵備道。其卑南廳舊治，擬改設直隸州同知一員。水尾迤北，為花蓮港，所墾熟田約數千畝，其外海口，水深數丈，稽查商舶，彈壓民番，擬請添設直隸州判一員，常川駐紮，均隸臺東直隸州。

這個臺灣府縣行政區劃的構想，使臺灣成為三府、十一縣、三廳、一直隸州的局面。

劉銘傳的構想，原擬以彰化之橋孜圖（在今臺中市區）為省會，但因尚在建設之中，因此巡撫暫駐臺北。雖然劉銘傳曾經從福建的協濟餉當中，撥出百餘萬兩作為建設省城的經費，但後來因「現省〔城〕工尚堪稍緩，〔鐵〕路工在急，非一時所可驟成」，所以「暫挪先修鐵路，俟峻工後，即將所收腳價，歸還成本，再籌建城分治」。但由於這一耽擱，竟使省城的建設截至光緒十七（西元一八九一）年，劉銘傳去任前，都無法完成。光緒二十（西元一八九四）年，臺灣巡撫邵友濂奏請改臺北為省會，臺北為全臺政治中心的地位於焉正式奠定。

二一、劉銘傳的新政

臺灣善後事宜

劉銘傳經營、整頓臺灣的全盤構想，在光緒十一（西元一八八五）年七月的〈條陳臺澎善後事宜摺〉中，就已經大致完備，他指出臺灣的善後急務在設防、練兵、清賦、撫番四事：

一、臺澎防務，急宜設籌也。查全臺各海口，大甲以南至鳳山，沙線遠闊，兵輪不能攏岸，遠則四五十里，近則二三十里，較易設防；大甲以北新竹一帶，海口紛歧，直至宜蘭，兵船皆能近泊，至遠不過三五里。基隆、滬尾兩口，雖能停泊兵輪，尚多山險，如有水雷、大炮，設防尚可為功，至新竹一帶，沿海平沙，後隴、中港，三號兵船皆能出入，地勢平衍，全恃兵營，殊難著手。然以視澎湖，猶較勝焉。澎湖彈丸孤立，臣派提督吳宏洛察看情形，據稱其地不生草木，沙石迷漫，片土難求，四面驚濤，無能設險。惟港內天然船塢，最宜停泊兵輪。臣到臺一年，縱觀全局，澎湖一島，非獨全臺門戶，亦南北洋關鍵要區，守臺必先守澎，保南北洋亦須以澎、廈為筦鑰。澎、廈駐泊兵輪，設防嚴密，敵船無能停泊，萬不敢懸軍深入，自蹈危機。此澎、廈設防，實關全局，非僅為臺灣計也。姑就澎湖而論，若云設防，要當不惜重資，認真舉辦。縱兵船一時難集，陸兵不過三千，必須多購大炮，堅築炮臺，製辦水雷，聚薪囤粟。計買炮築臺諸費，約需五十萬，全非一二年不能竣事。若漫圖敷衍，不如不防，既節數營兵餉之需，亦免臨事覆軍之累。進退遲速，伏候聖裁。此防務之不容緩者也。

一、臺澎軍政，急宜講求也。查臺灣軍務，久號廢弛，湘淮各軍，已成弩末，欲挽積習、杜虛糜，非講求操練不可。即演習洋操，非認真數月，步法不能整齊，手法焉能嫻熟。將官點名責令小操一次，則頂替之弊可除。近來各營多用後門槍炮，尤非勤練不為功。倘令槍炮不明，則遠近高低，茫無準的，是有槍與無槍同矣。且槍之精者，折機磨擦，奧竅深微，雨溼沾潮，銹霉輒損。重價購之，隨意棄之，苟有人心，能無慨惜？此器械之不容漠視者也。更有難者，臺灣煙瘴之地，勇丁多半病苶；兵猾將貪，寬則玩而不振；釐奸剔弊，嚴則去而之他。臣時欲改絃更張，嚴定營規，堅明約束，事煩目劇，未易猝圖。現同沈應奎、陳鴻志詳酌裁留數營。除鎮標練兵不計外，擬留三十五營。臺南合澎湖十五營，臺北合宜蘭十五營，中路新竹、嘉、彰擬派五營，稍資鎮攝。論勢則臺北為重要，論地則臺南為綿長。當此百端締造，區區營數，力已難支。然較往時一道歲糜百萬，僅守臺南，餉項無增，而局已為一振。此軍政之不容緩者也。

二、全臺賦稅，急宜清理也。查臺灣田產，甲於東南，一年兩熟。淡水一縣，每年額徵錢糧銀僅七百八十餘兩，官莊穀才九千餘石。宜蘭一縣，錢穀無徵。其餘各縣，糧稅亦寡。通計全臺鹽、茶、百貨稅釐，歲入銀壹百零數萬兩。將來整頓各項稅釐，剔除中飽，歲可百二十萬。核以臺澎三十五營之餉，歲需百二十萬，乃適相資。惟輪船經費，一切雜支，並須添設製造局，歲需銀約百五十萬；所虧實多。若能將各縣賦稅一律清查，以臺灣之入，供臺灣之需，尚可有盈無絀。惟清賦一事，要在得人。臣不諳吏治，昧於理財，時與沈應奎商量，辦理之法，必先清查戶口，再謀次第舉行，恐須一二年方可以收實效。此清賦之不容緩者也。

三、全臺生番，急宜招撫也。查臺灣番族，從前多在外山，客民愈多，日侵月削，擠歸山內，種類滋繁。邇來亦知耕稼為生，各相統屬。平日往來山外，居民亦頗相安。惟土匪成群，聚集番民交界之處，搶劫居民，或侵番族田廬，或誆番民財貨。爭端一起，械鬥不休。奸民被殺，則訴冤於官，官輒興師勦辦。番族被冤，則無官可訴，多集眾復仇。番禍一興，殺掠生番者轉得置身事外，而生番殺掠，多係良民。將恐積怨日深，終至民番俱斃。不謀招撫，必致陝、甘回亂之憂。即以防務論，臺疆千里，防海又須防番。萬一外寇猝臨，陰結番民，使生內亂，腹心之害，何以禦之？誠令兩番歸化，內亂無虞，外患雖來，尚可驅之禦侮。既可減防節餉，又可伐內山之木以裕餉源。此撫番之不容緩者也。

查設防、練兵、清賦三端，皆可及時舉辦，惟撫番須待三者轉成之後，方可議行。其次設電、購輪、造橋、修路，以通南北之郵，理屯、興墾、開礦、取材，以興自然之利，臣智識庸駑，難勝艱鉅。禦敵既無方略，辦事又乏精誠，每念時局艱難，不獲報稱萬一，徬徨中夜，慙疚萬端！惟有殫竭愚忱，勉圖職守。雖目疾萬分沉重，殘軀苟可支持，不敢片刻稍休，尤不敢自安緘默。除俟臺南北各營撤定後，再將選留兵將分紮地方，另行續奏外，謹擬臺、澎善後諸大端，馳陳聖鑒。

設防、練兵

劉銘傳充分了解臺灣為「南洋之樞紐」、「七省之藩籬」，並且特別注意澎湖地位的重要性，他認為澎湖「非獨全臺門戶，實亦南北洋關鍵要區；守臺必先守澎，保南北洋亦須以澎、廈為筦鑰」。因此建議清廷將全國海軍分為三洋：北洋海軍駐津、沽，兼顧遼東半島；中洋海軍駐吳、淞，兼顧浙海及舟山群島；南洋海軍駐臺、澎，兼顧粵東及海南島。但不為清廷接受。

在無法以艦隊駐防臺、澎的情況下，只好加強臺灣各口的炮臺守禦能力。聘德國技師重建基隆炮臺，興工加固安平、旗後、滬尾、媽宮、西嶼、大城北諸炮臺，配備以英國製阿姆士頓大炮三十一尊，另配沉雷六十、碰雷二十。

至於兵員，則大加整頓，汰弱留強，只留三十五營，全部改用洋槍，聘請外國教習，加強訓練。並重新部署兵力，以定海四營駐北路，銘字四營駐基隆，棟字三營駐中路，練勇四營駐南路，鎮海八營駐後山，宏字四營及水師駐澎湖。

另外，當時以法軍侵臺，南路劉璈邀集仕紳辦理團練。劉銘傳也在臺北設立團練總局，以紳商林維源為團練大臣，各府、縣、廳各設分局，各鄉設團，分段自衛，並維持治安。

他為了防範敵人封鎖，接濟困難，又在臺北設立軍械機器局，聘請外國技師，利用臺產硝磺，以小機器廠製造彈藥，大機器廠製造炮彈，設軍械所為儲存之所。在大龍峒（今臺北市大同區）設火藥局，在基隆、滬尾設水雷營。

劉銘傳還賡繼前此丁日昌修造南北鐵路的意見：

臺灣四面皆海，防不勝防。基隆、滬尾、安平、旗後四口，現雖建造炮臺，駐兵防守，而新竹、彰化沿海一帶，港汊分歧，一旦有事，敵兵上陸，南北隔絕，全臺立危。若築造鐵路，則調撥軍隊，朝發夕至。是其便於海防者一也。

臺灣既建一省，選擇省城，控制南北，其地襟山帶海，最為適當。然距海較遠，將來建築衙署廟宇，鳩工治材，運輸不便。若鐵路開通，則商業可致繁榮，是其便於建省者二也。

自臺北至臺南計程六百餘里，中多巨溪，春夏之際，山水暴漲，行旅過絕。臣今擬於大小各溪上流窄處，架設橋梁，通算工費須銀三十萬兩。今若許准建築鐵路，則此橋梁二十餘條，一齊興工，可為朝廷節省巨款，是其便於臺灣工事者之也。

光緒十三（西元一八八七）年七月，在臺北成立全臺鐵路商務總局，聘請英、德兩國人為工程師，開始興築南北縱貫鐵路，以兵丁為工役，首先自大稻埕起工，鋪設臺北至基隆二十英里。翌年（西元一八八八），自臺北而南，涉淡水河，越龜崙嶺，經桃園、中壢、大湖口而至新竹，計長四十二英里。臺北至基隆段於光緒十七（西元一八九一）年十一月通車，臺北至新竹段於光緒十九（西元一八九三）年二月竣工。新竹以南因溪多而廣，工事艱難，非朝夕可成，故截至日據以前，僅由德國工程師測量大安、大甲兩溪，籌架鐵橋。

在交通、運輸方面，另有電報、郵政、航運之建設。光緒十二（西元一八八六）年委德商泰東洋行架設二條電報線：一自臺北郡治分歧而至滬尾、基隆，一至臺南接丁日昌時代完成之舊線；臺灣南北電報線於光緒十四（西元一八八八）年正式完成。以候補道張維卿為總辦，而於新竹、苗栗、彰化、雲林、嘉義各設局辦理。光緒十三（西元一八八七）年，又自淡水陳設至福州之芭蕉島，安平亦接至澎湖。為了培養電報人才，更設電報學堂，聘請西洋教習，教授臺人子弟。

光緒十四（西元一八八八）年，設郵政局於臺北，在各地設分局。郵票分二種：一為官用，不收費用；一為民用，按站計費，每站長百里，凡信一函重二錢以內者繳錢二十，付郵時交納。自臺南至臺北共十三站。郵路以外地區，另加費用。寄外國或中國內地者，則以輪船代遞，當時有郵船兩艘：南通、飛捷，按期往來於上海、福州及臺灣各港。光緒十五（西元一八八九）年底，頒布「臺灣郵政章程」，郵政劃歸巡撫管理，以候補道實任其事。

開山經營

開港以後，臺灣重要輸出品當中的樟腦、茶葉，都產於內山或沿山之丘陵地帶，山地已成臺灣財富之源。劉銘傳新政之重要措施之一，即為積極向內山開發之「理番」政策。

光緒十二（西元一八八六）年，奏設撫墾總局，自任撫墾大臣，以臺灣巨紳在籍太僕寺正卿林維源為幫辦，駐大嵙崁（今大溪）職理全臺撫墾事務。分臺灣「番地」為三路，自埔里社以北至宜蘭為北路，以南至恆春為南路，臺東一帶為東路。並於大嵙崁、東勢角、埔里社、叭哩沙、林圯埔、番薯寮、恆春、埤南等地設撫墾局；於雙溪、三角湧、鹹菜甕、五指山、南庄、大湖、馬鞍龍、大茅埔、水長流、北港、蜈蚣崙、木屐蘭、阿里央、蘇澳、隘寮、枋寮、璞石閣、花蓮港等地設分局。並設番學堂，選大嵙崁、屈尺、馬武督之土著二十餘名，課以漢文、算書，旁及官話、臺語、起居禮儀。

但是，漢人積極向山區發展，即代表土著之生息空間受到侵擾，因此，遭到土著不少的抵抗，甚至反擊，劉銘傳對這些反抗採恩威並行的方式，相續將之剿平。

光緒十（西元一八八四）年十一月，劉銘傳令提督劉朝祜撫平北路淡水縣東南之馬來土著，令土著雉髮歸化，並開通馬來至宜蘭道路百餘里。翌年（西元一八八五）春，劉銘傳親剿大嵙崁之土著叛亂，八月再討甘指坪。

光緒十一（西元一八八五）年道員林朝棟配合總兵柳泰和駐罩蘭，辦理中路「番務」，蘇魯、馬臘邦土著結合東勢角、大湖土著抗命。官軍雖分三路進攻，但以山區地險，相持不下。翌年（西元一八八六）八月，林朝棟、劉銘傳相繼以大軍入山合圍進剿，盡毀其部落，土著被困於內山，只好請降。

光緒十二（西元一八八六）年冬，巡道陳鳴道、副將張兆連先後稟請：「後山番社尚多未撫，南至卑南、恆春、北抵蘇澳、奇萊，若由水尾適中之地，與前山彰化開通道路，聯絡聲氣，先撫後山中路，則南北望風向化。否則一撫之後，仍然隔絕，徒糜經費，難求實效。」

於是，劉銘傳以署臺灣總兵章高元率炮隊及鎮海中軍前營、定字左營及練兵、人工，由集集往東開山；張兆連由東路之水尾往西開山會合。翌年（西元一八八七）春，章高元自拔埔社至丹社嶺，計向東開進一百二十二里；張兆連亦自東路來會，共開六十里。打通橫貫前後山之通路。

伴隨著東西前後山通路之開通，大舉剿撫土著聚落。張兆連先令部將招撫水尾南北川、丁仔老等二十四社；再由花蓮港至蘇奇沿山一帶，招撫他良等一二社。張兆連以太魯閣、木瓜等社最強，特率兵三營，進駐山口以兵威相示，迫大馬鞍、大巴壟等五十三社就撫。接著，張兆連率兵南下，逼素來恃強抗命之強「番」呂家旺，招撫得巴、六凡等二十六社，八栳等十三社亦因此來附。

至於南路之土著，鳳山以三條崙為最強，恆春以牡丹灣為最強。張兆連督鳳山都司、管帶分道而進，招撫六儀等十五社、阿眉等二十二社、中心崙等四十二社；另大蘭大、打臘等十二社，亦相繼受撫。劉銘傳又令副將陶茂森招撫鳳山前山各社，於是沙摩溪等六社、柏葉等十八社、糞箕等四社，均歸化受撫。

章高元開山途中，在水底寮至埔里社之間，招撫北港、萬霧等五大社，眉加臘、吻吻等四十四小社，在拔埔至丹社之間，招撫卓大、意東等六十一社。另外，斗六門縣丞陳世烈亦招撫郡番等五十三社；巡道陳鳴志招撫大喃等二十四社、大武隴等四社；林朝棟率兵深入新竹內山，招撫石加碌等五社、哇西熬等十七社、密拿栳等二十四社。

在打通前後山、招撫各路土著後，劉銘傳向朝廷報告「戰果」：

> 臣自上年十月，親督大隊，剿撫中、北兩路生番，歸化後，現在數月之間，所有後山各路生番二百十八社，番丁五萬餘人，一律歸化。前山各路續撫生番至二百六十餘社，番丁薙髮者三萬八千餘人。水尾、花蓮港、雲林、東勢角等處，可墾水旱田數十萬畝。

甚至志得意滿地表示：「軍聲轟震岩谷，威德遠播遐荒，使深山幽谷，穴居野處之倫，嚮化歸仁，化獉狉（ㄓㄣ ㄆㄧ zhēn pī）而登衽席。」

但是土著與入山開發者的關係，仍然時常有所變化。光緒十三（西元一八八七）年秋，北路、中路土著起而反亂，分別由林維源、林朝棟所平。翌年（西元一八八八），後山北路埤南呂家旺社之變更為激烈，土著圍廳治，蔓及花蓮，清廷尚且調來北洋水師總兵丁汝昌以軍艦助剿。

清賦事業

臺灣自成一省之後，便必須自立財政，而且劉銘傳興辦各種事業，也需要龐大的收入。劉銘傳一方面興辦各式新式企業，企圖增加外滙收入，一方面在臺灣辦理清賦事業，以傳統田賦來挹注各項支出。

光緒十三（西元一八八七）年，先後設煤務局、煤油局，並整頓鹽務。同時以樟腦為出口大宗，乃設全臺腦磺總局，各於北路之大嵙崁、中路之彰化設腦務總局，各重要集散地設分局，先由官辦，後委豪紳攬辦，但後來因外商抗議，清廷下令改由民辦，官府但徵稅而已。

光緒十二（西元一八八六）年，設招商局於新加坡，又購斯美、駕時兩輪船，航行於上海、香港，甚至遠至新加坡、西貢、呂宋，又以飛捷、成利、萬年清等三輪，往來於東南各省。並遊說富戶林維源、李春生合建大稻埕之千秋、建昌兩街，邀集商人集資成立興市公司，從事臺北之都市建設，整頓本國茶商。這些措施大都以民間資本投資興辦，於臺灣近代企業甚有推進之功，但官方直接之獲利並不顯著。在所有興闢財源的事業裡，仍然以清丈田土，增加田賦收入的清賦事業最為重要。

劉銘傳在籌集財源之初，即認識到「若能將各縣賦稅一律清查，以臺灣之入，供臺灣之需，尚有盈無絀」。因此，他認為臺灣的經常支出「徒乞鄰疆（指福建），雖舌敝脣焦，緩急不可恃」，應該「以臺地自有之財，供各地經常之用，庶可自成一省」。

劉銘傳增加田賦的辦法，是利用清丈以確定土地所有人，使田園無法隱匿逃避稅賦。他指出臺灣田賦收入偏低的原因：

臣渡臺以來，詳查民間賦稅，較之內地毫不輕減，而詢其底蘊，全是紳士包攬，若某處有田可墾，先由墾首遞稟，承攬包墾，然後分給墾戶。墾首不費一錢，僅遞一稟，墾熟之後，每年抽租一成，名曰大租。又有屯租、隘租各項名目，而糧課正供毫無續報升科。如臺北、淡水田園三百餘里，僅徵糧一萬三千餘石，私升隱匿，不可勝計。

光緒十二（西元一八八六）年，設清賦局於臺北、臺南兩府，由布政使統轄，知府統理；各廳、縣設分局，任總辦，以同知、知縣主其事。

劉銘傳的清賦事業，實際是先以三個月的時間編查保甲，作為清賦的基礎，然後向民眾發表清丈目的，再確定田地所屬及清查隱田：

……臺灣素稱沃壤，近年開闢日多，舊糧轉形虧短，皆由業戶變遷無定，糧額向不催收，故遇逃亡，莫從究詰。或由田園籍冊失毀，戶無確名，疆界混淆，土豪得以隱匿霸占，奸民從中包攬控事，或藉防番抽收隘租，或稱定糧自收大租。強者有田無賦，弱者有賦無田；更有近溪田園，水衝沙壓，小民無力報豁，田去糧存。……

爾等田園一經清丈，編立字號，某字某號之田，則為某處某人之業。糧戶何名，冊籍昭然，遇有買賣，立即過戶催收，可免侵占冒爭，永杜搆訟之弊。其有水衝沙壓之地，亦可隨時稟報，頓釋累積之負。……

依「清丈章程」之規定：清丈時應由業戶查帶原有契據與清丈畝數相互比對；清丈後由官方發給三聯單，一存總局，一存縣，一歸業主收執；清丈同時定田園等則。清丈使田園有明細之地籍圖與臺帳，並且交付業主「丈單」，確定土地所有權；並且查出大量隱田，使臺灣之田賦收入一躍而達六十七萬四千四百六十八兩，較清丈前增加四十九萬一千一百零二兩，在臺灣地制、田賦史上均有重大意義。

但清賦事業仍然受到不少阻撓。劉銘傳原來之構想，是欲以小租戶負擔田賦，為真正之業主，大租戶則完全裁廢，但因為豪紳之反對，最後折衷以「減四留六」——自大租中扣除四成交由小租戶完糧，大租戶僅得六成——解決。

對民眾來說，清查隱田，即是增加稅負，當然不會衷心歡迎，再加上清丈過程中不無官吏收受賄賂，清丈田界或評定地則不公，很容易便會激起民變。光緒十四（西元一八八八）年的施九緞抗丈圍城事件，即是在這種背景之下產生的。

彰化、嘉義地區，因清丈官吏不公，而且縣官貪墨，發放丈單加征規費。於是以二林堡浸水莊（今彰化縣埔心鄉新水村）施九緞為首，高舉「官激民變」的旗幟，以「焚毀丈單」為號召，率眾進圍彰化城。後來劉銘傳調林朝棟率軍鎮壓。不過，劉銘傳也知道是地方官處理不善才激起亂事，事後也將彰化知縣撤換。

二二、朝廷之棄地

短命的抗日「政府」

光緒十七（西元一八九一）年六月，劉銘傳被免去臺灣巡撫職銜，接任的是邵友濂。劉去邵來，代表清朝中央對臺灣的急進政策的不滿，往後臺灣之治政，便不再有劉銘傳時代之積極進取，而採持穩的守成路線，但國際上的變化，並沒有讓臺灣有機會持續這種緩進地改良。

光緒二十（西元一八九四）年八月，中日兩國因朝鮮問題開啟戰端。到了該年年底，清朝方面因海陸戰雙方均節節敗退，在各國從中拉攏之下，已有求和的準備。翌年（西元一八九五）初，中國派張蔭桓、邵友濂赴日議和，卻被日方拒絕，清廷只好在三月間應日本之暗示，簡派李鴻章赴日講和。

李鴻章銜命赴日之際，已風聞日本欲在講和條約中，要求占有臺灣。三月三十日，中日雙方協議停戰，但停戰地區卻不包括臺灣，這消息傳到臺灣之後，立刻引起臺灣民眾的恐慌和不滿。但在日本強大的壓力下，李鴻章為了避免中日再度開戰，終於在四月十七日簽定割讓臺灣的〈馬關條約〉。

割讓臺灣的消息，使朝野都感到無比的震驚，尤其在臺灣的清朝官吏和臺灣民眾更是驚慌，紛紛表示拒絕割讓予日本，當時的臺灣巡撫唐景崧，一方面上書建議援引西方列強來抵制日本占領臺灣；一方面主張，依據西方成例，「勒占鄰土，必視百姓從違」，希望清朝以外交的方式排除日本占領臺灣的可能性。

臺灣的紳商們也在這個緊急的時刻，答應以臺灣的茶、樟腦及煤、硫磺等利權作保，要求在臺之外國領事插手干涉日本占有臺灣。軍隊則恐在臺清朝官員私自潛歸大陸內地，以嚴密的方式「劫留」唐景崧巡撫。

四月二十三日，俄、德、法三國出面要求日本退還遼東半島，給臺灣帶來轉機的希望，於是臺灣紳民向清廷提出，趁機籲請外國阻止日本占有臺灣的「血書」：

……查《公法會通》第二百八十六章有云：割地須問居民能順從與否。又云：臣必順從，方得視為易主。務求廢約，請諸國公議，派兵輪相助。

但西方諸國在要求日本歸還遼東之外，並沒有能夠扭轉臺灣的命運。

清朝正式在條件中將臺灣割讓予日本之後，臺灣內部透過在臺官吏與民間士紳的結合，以南洋張之洞所提示的辦法，多方面試探西方列強是否有出兵援臺的可能。

五月十五日，臺灣民眾在清朝已無法挽救臺灣免於割予日本，列強又存觀望態勢時，終於宣布臺灣自主：

……伏查臺灣已為為朝廷棄地，百姓無依，惟有死守，據為島國，遙戴皇靈，為南洋屏蔽。……

並且籲請各國救援：

……海外各國，如肯認臺灣自主，公同衛助，所有金礦、煤礦，以及可墾田，可建屋之地，一概租與開闢，均霑利益。考公法讓地為紳士所不允，其約遂廢，海邦有案可援。如各國仗義公斷，能以臺灣歸還中國，臺民亦願以臺灣所有利益報之。……

五月十九日，法國兩艘巡洋艦抵達臺灣，再度給臺灣帶來希望。五月二十三日，全臺人民發表自主宣言：

照得日本欺凌中國，要求割讓我國土臺灣，臺民曾派代表入京請願，未獲挽留。吾人聞知倭奴不日將至，吾人如屈從，則吾土吾家皆將淪於夷狄，如吾人抗拒，以實力較弱，恐難持久。屢與列強磋商，僉謂臺民自先自立，然後可予援助。吾臺民，誓不服倭，與其事敵，寧願戰死。爰經會議決定，臺灣全島自立，改建民主之國，官吏皆由民選，一切政務從公處置。但為禦敵及推行政事，必須有一元首，俾便統率，以維秩序而保安寧。巡撫兼署臺灣防務唐景崧夙為人民所敬仰，故由會議公推為民主國總統。公印業已刻成，將於初二日（五月二十五日）已時由全臺紳民公呈。凡我同胞，無論士農工商，務須於是日拂曉齊集籌防局，隆重行禮。幸勿遲誤！

五月二十五日，依期舉行呈印儀式，臺灣宣稱成立抗日的「新政府」。接著，這個「新政府」的主持人唐景崧，便以「臺灣民主國總統．前署臺灣巡撫布政使」的名義向中外發表布告。一個以「永清」為年號，「藍地黃虎」為旗幟的短命「政權」——「臺灣民主國」於焉成立。

鄉土保衛戰爭

雖然在臺北成立「臺灣民主國」，企圖以新政府的名義，以外交的方式籲請各國援助，但並沒有受到國際上的支持。臺灣的拒日抵抗，仍然需要依賴實際的武力對抗。

日本於五月初任命樺山資紀為臺灣總督，並調遣近衛師團，於五月底前來臺灣，準備接收臺灣。五月二十九日，近衛師團開始在基隆東方三貂角附近的澳底登陸；六月二日，樺山資紀與清朝派來的交割委員李經方，在基隆外海完成交割臺灣之手續。

在澳底登陸的日軍，隨即占領瑞芳，在沒有受到太激烈地抵抗的情況下，越過三貂嶺，圍攻基隆。六月三日，基隆在日軍的猛烈圍攻下陷落。六日，日方文職人員及大批軍械自基隆上陸。

基隆陷落使臺北大受衝擊，敗兵擁入臺北，成為亂源，「民主國總統」唐景崧也在四日逃出臺北城，更使臺北陷入混亂的無政府狀態，臺北紳商及洋人，紛紛要求日軍入城安民，於是日軍在六月七日進入臺北城。六月十七日，樺山資紀在臺北舉行「始政式」。

唐景崧等清朝官員所領導的北部抗戰，雖然不旋踵間即土崩瓦解，但這時候，以臺灣民間地方領袖為首所組織的保鄉衛土武力，卻紛紛建立起來，桃園、新竹、苗栗一帶的重要抗日勢力領導者有吳湯興、姜紹祖、徐驤等人，他們以熾烈的鬥志，配合地形，展開了轟轟烈烈的鄉土保衛戰。

在此之前，日軍從澳底登陸至進入臺北城，不過旬日，但自從日軍渡過淡水河南下以後，便遭到臺灣義軍的頑強抵抗，僅新竹一城即與義軍數度攻防。另外，重要的戰役尚有三角湧（今三峽）、大嵙崁（今大溪）、龍潭坡（今龍潭）。在這些戰役中，義軍利用地形，採取游擊戰術，雖然武器遠非具有精良裝備之日軍可比，但往往能夠挫日軍之銳鋒。由於在桃園、新竹沿山丘陵地帶屢挫日軍，逼使日軍在此進行掃蕩戰爭，殺戮甚慘。

在桃園、新竹、苗栗、臺中相繼失陷後，義軍退保彰化城，擬以八卦山及大肚溪為防線，全面部署，負險面溪阻止日軍奪取彰化城。八月二十六日，日軍以八卦山居高臨下，可以輕取彰化城，於是發動全力猛攻八卦山，於是發生臺灣攻防戰中最悲壯激烈的「八卦山之役」。在這一役中義軍首領吳湯興陣亡，義軍損傷慘重，但日軍也元氣大傷，不得不暫停南下，重新整頓隊伍。

當時，南部方面有劉永福在臺南籌劃戰守，日軍攻下中部地方後，劉永福便積極布置戰守。日軍在經過「八卦山之役」的激戰之後，對於劉永福在南部的勢力不敢低估，於是從大連召來增援軍隊。十月，乃木希典率勇猛精銳的第二師團投入臺灣攻防戰陣。

在第二師團抵臺之後，日方特別任命臺灣副總督高島鞆之助為總指揮，編組「南進軍」，其作戰計劃兵分三路對臺南作地形攻勢，並以艦隊之炮力支援陸上作戰：

㈠近衛師團繼續由彰化南進迫近臺南。

㈡第二師團從南部枋寮登陸後，北上迫近臺南。

㈢混成第四旅團，從嘉義西方之布袋嘴登陸，沿海岸線迫近臺南。

㈣海軍常備艦隊，以炮力擊毀安平、打狗炮臺，並擔任海上封鎖。

南進軍在部署已定後，近衛師團依計劃南下，先後於斗六、西螺、土庫、他里霧（今斗南）、大莆林（今嘉義縣大林鎮），遭到劉永福部將和義民簡精華之抵抗。混成第四旅團也在十月十日從布袋嘴上陸，沿海岸線南下途中，在急水溪一帶遭到林崑岡率鄉民抵抗。第二師團，則在枋寮北上途中，遭到茄苳腳（在今屏東縣佳冬鄉）義民蕭光明的抵抗。

十月二十日，日軍已進圍臺南近郊，劉永福潛走廈門，臺南士紳商請英國教士至二層行溪迎請日軍進城。十月二十一日凌晨，日軍無血入臺南城。

雖然臺灣民眾抵拒日本領有臺灣的努力終歸失敗，但在清朝、列強均無法援助臺灣，在臺官吏、將士無守土之心的惡劣情況下，臺灣民眾仍然自己以簡陋之武器，奮力抵拒日本精銳大軍達五個月之久，這種保鄉衛土的精神仍然是可歌可泣的。

附錄一
原典精選

連雅堂先生《臺灣通史．自序》

臺灣固無史也。荷人啟之，鄭氏作之、清代營之，開物成務，以立我丕基，至於今三百有餘年矣。而舊志誤謬，文采不彰，其所記載，僅隸有清一朝，荷人、鄭氏之事闕而弗錄，竟以島夷、海寇視之。烏乎！此非舊史氏之罪歟？且府志重修於乾隆二十九年，臺、鳳、彰、淡諸志雖有續修，侷促一隅，無關全局，而書又已舊。苟欲以二三陳編，而知臺灣大勢，是猶以管窺天，以蠡測海，其被囿也亦巨矣。

夫臺灣固海上之荒島爾，篳路藍縷，以啟山林，至於今是賴。顧自海通以來，西力東漸，運會之趨，莫可阻遏。於是而有英人之役，有美船之役，有法軍之役；外交兵禍，相逼而來，而舊志不及載也。草澤群雄，後先崛起，朱、林以下，輒啟兵戎，喋血山河，藉言恢復，而舊志亦不備載也。續以建省之議，開山撫番，析疆增吏，正經界、籌軍防、興土宜、勵教育，綱舉目張，百事俱作，而臺灣氣象一新矣。夫史者，民族之精神，而人群之龜鑑也。代之盛衰，俗之文野，政之得失，物之盈虛，均於是乎在。故凡文化之國，未有不重其史者也。古人有言：「國可滅，而史不可滅。」是以郢書燕說猶存其名，晉乘楚杌，語多可採。然則臺灣無史，豈非臺人之痛歟？

顧修史固難，修臺之史更難，以今日而修之尤難。何也？斷簡殘編，蒐羅匪易。郭公夏五，疑信相參，則徵文難；老成凋謝，莫可諮詢，巷議街譚，事多不實，則考獻難。重以改隸之際，兵馬倥傯，檔案俱失，私家收拾，半付祝融，則欲取金匱石室之書，以成風雨名山之業，而有所不可。然及今為之，尚非甚難。若再經十年、二十年而後修之，則真有難為者。是臺灣三百年來之史，將無以昭示後人，又豈非今日我輩之罪乎？

橫不敏，昭告神明，發誓述作，兢兢業業，莫敢自遑。遂以十稔之間撰成《臺灣通史》。為〈紀〉四、〈志〉二十四、〈傳〉六十，凡八十有八篇，表圖附焉。起自隋代，終於割讓。縱橫上下，鉅細靡遺，而臺灣文獻於是乎在。

洪維我祖宗，渡大海、入荒陬，以拓殖斯土，為子孫萬年之業者，其功偉矣。追懷先德，眷顧前途，若涉深淵，彌自儆惕。烏乎念哉！凡我多士，及我友朋，惟仁惟孝，義勇奉公，以發揚種性，此則不佞之幟也。婆娑之洋，美麗之島，我先王先民之景命，實式憑之！

鄭成功〈致荷蘭守將書〉①

執事率數百之眾，困守城中，何足以抗我軍，而余尤怪執事之不智也！夫天下之人固不樂死於非命，余之數告執事者，蓋為貴國人民之性命，不忍陷之瘡痍爾。今再命使者，前往致意，願執事熟思之。

執事若知不敵，獻城降，則余當以誠意相待。否則我軍攻城，而執事始揭白旗，則余亦止戰，以待後命。我軍入城之時，余嚴飭將士，秋毫無犯，一聽貴國人民之去，若有願留者，余亦保衞之，與華人同。

夫戰敗而和，古有明訓，臨事不斷，智者所譏。貴國人民遠渡重洋，經營臺島，至勢不得已，而謀自衞之道，固余之所壯也。然臺灣者，中國之土地也，久為貴國所踞，今余既來索，則地當歸我，珍瑤不急之物，悉聽而歸。若執事不聽，可揭紅旗請戰，余亦立馬以觀，毋游移而不決也。

生死之權，在余掌中，見機而作，不俟終日，唯執事圖之！

【註釋】

①此文為連雅堂氏杜撰。

朱一貴〈起事檄〉①

在昔胡元猾夏，竊號神州，穢德彰聞，毒逋四海。我太祖高皇帝提劍而起，群士景從，以恢復區宇，日月重光，傳之萬世。逆闖不道，弄兵潢池，震動京師，帝后殉國，地圻天崩，椎心泣血，東南忠義，再造邦基。秣馬厲兵，方謀討賊。何圖建虜，乘隙而入。藉言仗義，肆其窮凶。竊據我都邑，奴僇我人民，顛覆我邦家，殄滅我制度，長蛇封豕，搏噬無遺。遂使神明冑子，降為輿台，錦繡江山，淪為左衽，烏乎痛哉！

延平郡王精忠大義，應運而生。開府思明（廈門），經略閩粵，旌旗所指，喋血闞河，使彼建虜，疲於奔命。則有熊羆之士，不二心之臣，戮力同仇，效命宗國。南京之役，大勳未集，移師東下，用啟臺灣，率我先民，以造新邑，遙奉正朔，永戴本朝。蓄銳養精，俟時而動。雖張堅之王扶餘，田橫之居海島，史策所載，猶未斯之烈也。

天未厭禍，大星遽殞，興王之氣，猝爾銷沉。然東岸片壤，猶足以抗衡海上焉。嗣王冲幼，輔政非人，大廈將傾，一木難柱。以故權奸竊柄，偷事宴安，叛將稱戈，甘為罪首。滄海横流，載胥及溺，茫茫九州，無復我子孫託足之所矣。哀哉！夫盛衰者時也，強弱者勢也；成敗者人也，興亡者天也。

古人有言，炎炎之火，可焚崑岡。是以夏后一成，能復故國，楚人三戶，足以亡秦。況以中國之大，人民之眾，忠臣義士之眷懷本朝，以謂不足以誅建虜者乎？不佞世受國恩，痛心異族，竄逃荒谷，莫取自遑，佇苦停辛，垂四十載。今天啟其衷，人思其舊，揆時度勢，否極泰來。爰舉義旗，為天下倡，群賢霞蔚，多士雲興，一鼓功成，克有全土。此則列聖在天之靈，實式以憑，而中興之運，可操左券也。

夫臺灣雖小，固延平郡王肇造之土也。絕長補短，猶方千里。重以山河之固，風濤之險，物產之饒，甲兵之足，進則可以克敵，退則可以自存。博我皇道，宏我漢京，此其時也。唯是新邦初建，庶事待興，引領英豪，同襄治理，然後獎帥三軍，横渡大海，會師北伐，飲馬長城，搗彼虜庭，殲其醜類，使胡元之轍，復見於今，斯為快爾！所望江東耆艾，河朔健兒，嶺表孤忠，中原舊曲，各整義師，以匡諸夏。則齊桓攘夷之業，晉文勤王之勞，赫赫宗盟，於今為烈。其或甘心事敵，以抗顏行，斧鉞之誅，罪在不赦。

夫非常之原，黎民所懼，救國之志，人有同心，敢布區區，咸知大義，二三君子，尚克圖之。

【註釋】

① 據楊雲萍教授研究，此檄文為連雅堂氏所杜撰。

施琅〈臺灣棄留疏〉

太子少保、靖海將軍、靖海侯兼管福建水師提督事務臣施琅謹題，為恭陳臺灣棄留之利害，仰祈睿裁事。

竊照臺灣地方，北連吳會，南接粵嶠，延袤數千里，山川峻峭，港道迂迴，乃江、浙、閩、粵四省之左護；隔離澎湖一大洋，水道三更餘遙。查明季設水澎標於金門所，出汛至澎湖而止，水道亦有七更餘遙。臺灣一地，原屬化外，土番雜處，未入版圖也。然其時中國之民潛至、生聚於其間者，已不下萬人。鄭芝龍為海寇時，以為巢穴。及崇禎元年，鄭芝龍就撫，將此地稅與紅毛為互市之所。紅毛遂聯絡土番，招納內地人民，成一海外之國，漸作邊患。至順治十八年，為海逆鄭成功攻破，盤踞其地，糾集亡命，挾誘土番，荼毒海疆，窺伺南北，侵犯江浙。傳及其孫克塽，六十餘年，無時不仰廑宸衷。

臣奉旨征討，親歷其地，備見野沃土膏，物產利溥，耕桑並耦，魚鹽滋生，滿山皆屬茂樹，遭處俱植修竹。硫磺、水藤、糖蔗、鹿皮，以及一切日用之需，無所不有。向之所少者布帛耳，茲則木棉盛出，經織不乏。且舟帆四達，絲縷踵至，飭禁雖嚴，終難杜絕。實肥饒之區，險阻之域。逆孽乃一旦凜天威，懷聖德，納土歸命；此誠天以未辟之方輿，資皇上東南之保障，永絕邊海之禍患，豈人力所能致？

夫地方既入版圖，土番、人民均屬赤子。善後之計，尤宜周詳。此地若棄為荒陬，復置度外，則今臺灣人居稠密，戶口繁息，農工商賈，各遂其生；一行徙棄，安土重遷，失業流離，殊費經營，實非長策。況以有限之船，渡無限之民，非閱數年難以報竣。使渡載不盡，苟且塞責，則該地之深山窮谷，竄伏潛匿者，實繁有徒，和同土番，從而嘯聚，假以內地之逃軍閃民，急則走險，糾黨為祟，造舟制器，剽掠濱海，此所謂借寇兵而賚盜糧，固昭然較著者。甚至此地原為紅毛住處，無時不在涎貪，亦必乘隙以圖。一為紅毛所有，則彼性狡黠，所到之處，善能鼓惑人心。重以夾板船隻，精壯堅大，從來乃海外所不敵。未有土地可以托足，尚無伎倆；若以此既得數千里之膏腴復付依泊，必合黨伙竊窺邊場，迫近門庭。此乃稱禍後來，沿海諸省，斷難晏然無虞。至時復勤師遠征，兩涉大洋，波濤不測，恐未易再建成效。如僅守澎湖，而棄臺灣，則澎湖孤懸汪洋之中，土地單薄，界於臺灣，遠隔金廈，豈不受制於彼而能一朝居哉？是守臺灣則所以固澎湖。臺灣、澎湖，一守兼之。沿邊水師，汛防嚴密，各相犄角，聲氣關通，應援易及，可以寧息。況昔日鄭逆所以得負抗逋誅者，以臺灣為老巢，以澎湖為門戶，四通八達，游移肆虐，任其所之。我之舟師，往來有阻。今地方既為我得，在在官兵，星羅棋布，風期順利，片帆可至，雖有奸萌，不敢復發。臣並與部臣蘇拜、撫臣金鋐等會議之中。部臣、撫臣未履其地，去留未敢進決；臣閱歷周詳，不敢遽議輕棄者也。

伏思皇上建極以來，仁風遐揚，威聲遠播，四海賓貢，萬國咸寧；日月所照，霜露所墜，凡有血氣，莫不臣服。以斯方拓之土，奚難設守，以為東南數省之藩籬。且海氛既靖，內地溢設之官兵，盡可陸續汰減，以之分防臺灣、澎湖兩處。臺灣設總兵一員、水師副將一員、陸師參將二員，兵八千名；澎湖設水師副將一員，兵二千名。通共計兵一萬名，足以固守，又無添兵增餉之費。其防守總兵、副、游等官，定以三年或二年轉升內地，無致久任，永為成例。在我皇上優爵重祿、推心置腹，大小將弁，誰不勉勵竭忠！然當此地方初辟，該地正賦、雜餉，殊宜蠲豁。見在一萬之兵食，權行全給；三年後開征，可以佐需。抑亦寓兵於農，亦能濟用，可以減省，無庸盡資內地之轉輸也。

蓋籌天下之形勢，必求萬全。臺灣一地，雖屬外島，實關四省之要害。勿謂彼中耕種，尤能少資兵食，固當議留；即為不毛荒壤，必藉內地挽運，亦斷斷乎其不可棄。惟去留之際，利害攸係，恐有知而不言。如我朝兵力，比於前代，何等強盛，當時封疆大臣，無經國遠猷，矢志圖賊，狃於目前苟安為計，劃遷五省邊地以避寇患，致賊勢愈熾而民生顛沛。往事不臧，禍延及今，重遺朝廷宵旰（ㄍㄢˋ gàn）之憂。臣仰荷洪恩天高地厚，行年六十有餘，衰老浮生，頻慮報稱末由。熟窺該地形勢，而不敢不言。蓋臣今日知而不言，至於後來，萬或滋蔓難圖，竊恐皇上責臣以緘默之罪，臣又焉所自逭（ㄏㄨㄢˋ huàn）！故當此地方削平，定計去留，莫敢擔承，臣思棄之必釀成大禍，留之誠永固邊圉。會議之際，臣雖諄諄極道，難盡其詞。在部臣、撫臣等耳目未經，又不能盡悉其概，是以臣於會議具疏之外，不避冒瀆，以其利害自行詳細披陳。但事關朝廷封疆重大，棄留出自乾斷。外臺灣地圖一張，附馬塘遞進御覽。

緣係條議臺灣去留事宜，貼黃難盡，伏乞皇上睿鑒全覽施行。

康熙二十二年十二月二十二日

沈葆楨〈請移駐巡撫摺〉

因思洋務稍鬆，即善後不容稍緩，唯此次之善後，與往時不同，臺灣之所謂善後者，即臺灣之所謂創始也。顧善後難，以創始為善後則尤難，臣等曩為海防孔亟，一面撫番，一面開路，以絕彼族覬覦之心，以消目前肘腋之患，固未遑為經久之謀。

數月以來，南北諸路，縋（ㄓㄨㄟˋ zhuì）幽鑿險，斬棘披荊，雖各著成效，卑南、奇萊各處，雖分列軍屯，只有端倪，尚無綱紀，若不悉心籌劃，詳定規模，路非不已開也，謂一開之不復塞，則不敢知。番非不已撫也，謂一撫之不復疑，則不敢必。何也？臺地延袤千百餘里，官吏所治只海濱平原三分之一，餘皆番社爾。

國家養育番黎，但令薄輸土貢，永禁侵凌，意至厚也。而奸民積匪，久已越界潛蹤，驅番占地，而成巢窟，則有官未開而民先開者。入山既深，人跡罕到，野番穴處，涵育孳生，則有番已開而民未開者。疊巘（ㄧㄢˇ yǎn）外包，平埔中擴，鹿豕游竄，草木蒙茸，地廣番稀，棄而弗處，則有民未開而番亦未開者。是但言開山，而山之不同已若此。

生番種類數十，大概有三，牡丹等社恃其悍暴，劫殺為生，愍不畏死，若是曰兇番。卑南、埔里一帶，居近漢民，略通人性，若是者曰良番。臺北斗史等社，雕題黥面，向不外通，屯聚無常，種落難悉，獵人如獸，雖番社亦懼之，若是者曰王字番。是但言撫番，而番之不同又若此。

夫欲開山而不先撫番，則開山無從下手；欲撫番而不先開山，則撫番仍屬空談。今欲開山，則曰屯兵衛、曰刊林木、曰焚草萊、曰通水道、曰定壤則、曰招墾戶、曰給牛種、曰立村堡、曰設隘碉、曰致工商、曰設官吏、曰建城郭、曰置郵驛、曰建廨署。此數者孰非開山之後必須遞設者。今欲撫番，則曰設土目、曰查番戶、曰定番業、曰通語言、曰禁仇殺、曰教耕稼、曰修道塗、曰給茶鹽、曰易冠服、曰設番學、曰變風俗。此數者又孰非撫番之時必須並行者，雖然此策言後山，其繁重已若此。

前山之人版圖也，百有餘年，一切規制，何嘗具備？就目前積弊而論，班兵之惰窳也，蠹吏之盤踞也，土匪之橫恣也，民俗之蹈淫也，海防陸守之俱虛也，械鬥紮厝之迭見也。學術之不明，庠序以容豪猾。禁令之不守，菸賭以為饔飧。官斯土也，非無振作有為正己率屬之員，始若於專權之牽制，繼苦於毀譽之混淆，救過不遑，計功何自？使不力加整頓，一洗浮澆，但以目下山前之規模，推而為山後之風氣，雖多一新闢之區，適多一藏奸之藪。臣等竊以為未可也。

嘗綜前後山之幅員計之，可建郡者三，可建縣者十，固非一府所能轄，欲別建一省，又苦器局之未成，而閩省向需臺米接濟，臺餉由省城轉輸，彼此相依，不能離而為二，環海口岸，處處宜防，洋族教堂，漸漸分布，居民向有漳籍、泉籍、粵籍之分，番族又有生番、熟番、屯番之異，氣類既殊，撫馭匪易。況以創始之事，為善後之謀，徒靜鎮之非宜，欲循例而無自。使臣持節，可暫而不可常，欲責效於崇朝，兵民有五日京兆之見。倘逾時而久駐，文武有兩姑為婦之難。

臣等再四思維，宜仿江蘇巡撫分駐蘇州之例，移福建巡撫駐臺，而後一舉而數善備。何以言之，重洋遠隔，文報稽遲，率意逕行，又嫌專擅，駐巡撫則有事可以立斷，其便一。鎮治兵，道治民，本兩相輔，轉兩相妨，職分不相統攝，意見不免參差。上各有所疑，下各有所恃，不賢者以為推卸地步，其賢者亦時時存形跡於其間。駐巡撫則統屬文武，權歸一尊，鎮道不敢不各修其職，其便一。鎮道有節制文武之責，而無遴選武文之權。文官之貪廉，武弁之勇怯，督撫所聞，與鎮道所見，時或互異，駐臺則不待採訪，而耳目能周，黜陟可以立定，其便三。城社之巨姦，民間之冤抑，覩聞親切，法令易行，公道速伸，人心帖服，其便四。

臺民菸癮本多，臺兵為甚；海疆官制久壞，臺兵為尤。良以弁兵由督撫提標抽取而來，各有恃其本帥之心，鎮將設法羈縻，只求其不生意外之事，是以比戶窩賭，如賈之於市。農之於田，有巡撫則考察無所瞻循，訓練乃有實際，其便五。福建地瘠民貧，州縣率多虧累，恆視臺地為調濟之區，不肖者骩法取盈，往往不免，有巡撫以臨之，貪黷之風，得以漸戢，其便六。向來臺員不得志於鎮道，及其內渡，每造蜚語中傷之，鎮道或時為所挾，有巡撫則此技悉窮，其便七。

臺民游惰可惡，而戇直實可憐，所以常聞蠢動者，始由官以吏役為爪牙，吏役以人民為魚肉，斷則人民以官吏為仇讐，詞訟不清，而械鬥槊厝之端起。奸宄得志，而豎旗聚眾之勢成。有巡撫則能預拔亂本，而塞禍源，其便八。況開山伊始，地勢殊異，成法難拘，可以因心裁酌，其便九。新建郡邑，槩立營堡，無地不需人才，丕倅將領，可以隨時札調，其便十。設官分邑，有宜遠久者，有屬權宜者，隨時增革，不至廩食之虛糜，其便十有一。開煤煉鐵，有策資民力者，有宜參用洋機者，就近察勘，可以擇地而興利，其便十有二。

夫以臺地向稱饒沃，久為他族所垂涎，今雖外患暫平，旁人仍眈眈相視，未雨綢繆之計，正在斯時，而山前山後，其當變革者，其當創建者，非數十年不能成功，而化番為民，尤當漸積優柔，不能渾然無間，與其苟且倉皇，徒滋流弊，不如先得一主持大局者，事事得以綱舉目張，為我國家億萬年之計，況年來洋務日密，偏重東南，而臺灣孤懸海外，七省以為門戶，關係非輕，欲固地險，在得民心，欲得民心，先修吏治營制，而整理吏治營制之權，操於督撫。總督兼轄浙江，移駐不如巡撫之便，臣等明知地屬封疆，事關更制，非部民屬吏所應越陳，而夙夜深思，為臺民計，為閩省計，為沿海籌防計，有不得不出於此者，敢不據實上聞，以為芻蕘（ㄔㄨˊ ㄖㄠˊ chú ráo）之獻。

劉銘傳〈臺灣郡縣添改撤裁摺〉

臺灣疆域，南北相距七百餘里，東西近者二百餘里，遠或三四百里，崇山大溪，鉤聯高下。從前所治，不過山前迤南一帶，故僅設三縣而有餘，自後榛莽日開，故屢增廳治而猶不足。

光緒元年，沈葆楨請設臺北府縣，以固北路，又將同知移治卑南，以顧後山。全臺官制，粗有規模，然彼時局勢未開，擇要修舉，非一勞永逸之計也，臣等公開商酌，竊謂建置之法，恃險與勢，分治之道，貴持其平，臺省治理視內地為難，而各縣幅員反較多於內地，如彰化、嘉義、鳳山、新竹、淡水等縣，縱橫二百餘里三百里不等，倉猝有事，鞭長莫及。且防務為治臺要領，轄疆太廣，則耳目難周，控制太寬，則聲氣多阻。至山後中北兩路，延袤三四百里，僅區段所設碉堡，並無專駐治理之員，前寄清虛，亦難遙制，現當改設伊始，百廢俱興，若不量予變通，何以定責成而垂久遠。

臣銘傳於上年九月，親赴中路督剿叛番，沿途察看地勢，並據各地方官將境內扼塞道里田園山溪，繪圖貼說，呈送前來，又據撫番清賦各員弁將撫墾地所陸續稟報。謹就山前後通局籌劃，有應添設者，應改設者，應裁撤者。查彰化橋孜圖地方，山環水複，中開平原，氣象宏開，又當全臺適中之地，擬照前撫臣岑毓英原議，建立省城。分彰化東北之境，設首府曰臺灣府，附廓首縣曰臺灣縣，將原有之臺灣府縣改為臺南府、安平縣。

嘉義之東，彰化之南，自濁水溪始，石圭溪止，截長補短，方長約百餘里，擬添設一縣曰雲林縣。新竹苗栗街一帶，扼內山之衝，東連大湖，沿山新墾荒地甚多，擬分新竹西南各境，添設一縣曰苗栗縣。合原有之彰化及埔里社通判，四縣一廳均隸臺灣府屬。其鹿港同知一缺，應即裁撤。

淡水之地，東抵三貂嶺，番社紛歧，距城過遠；基隆為臺北第一門戶，通商建埠，交涉紛繁，現值開採煤礦，修造鐵路，商民麕集，尤賴撫綏；擬分淡水東北四堡之地，撥歸基隆廳管轄，將原設通判改為撫民理番同知，以重事權。此前路添改之大略也。

後山形勢，北以蘇澳為總隘，南以卑南為要區，控扼中權，厥惟水尾，其地與擬設之雲林縣東西相直，聲氣未通。現開山路一百八十餘里，由丹社嶺、集集街徑達彰化。將來省城建立，中路前後脈絡，呼吸相通，實為臺東鎖鑰；擬添設直隸州知州一員，曰臺東直隸州。左界宜蘭，右界恆春，計長五百里，寬三四十里、十餘里不等，統歸該州管轄，仍隸臺灣兵備道。其卑南廳舊治，擬請改設直隸州同一員。水尾迤南，改為花港廳，所墾熟田約數千畝，其外海口，水深數丈，稽查商船，彈壓民番，擬請添設直隸州判一員，常川駐紮，均隸臺東直隸州。此後路添改之大略也。

謹按臺灣疆土賦役，日增月廣，與舊時羈縻僑置，情形迥不相同，因地制宜，似難再緩。況年來生番歸化，狉榛之性，初就範圍，尤須分道拊循，藉收實效。臣等身在局中，既不敢遇事紛更，以紊典章之舊，亦不敢因陋就簡，以失富庶之基。損益酌中，期歸妥協。

臺灣紳民發表的〈自主宣言〉

竊我臺灣隸大清版圖二百餘年，近改行省，風會大開，儼然雄峙東南矣。乃上年日本肇釁，遂至失和。朝廷保兵恤民，遣使行成，日本要索臺灣，竟有割臺之款，事出意外。

聞信之日，紳民憤恨，哭聲震天。雖經唐撫帥電奏迭爭，並請代臺紳民兩次電奏，懇求改約，內外臣工，俱抱不平，爭者甚眾，無如勢難挽回。紳民復乞援於英國，英泥局外之例，置之不理。又求唐撫帥電奏，懇由總理各國事務衙門商請俄法德三大國併阻割臺，均無成議。嗚呼！慘矣！

查全臺前後二千餘里，生靈千萬，打牲防番，家有火器，敢戰之士一呼百萬，又有防軍四萬人，豈甘俯首事仇？今已無天可籲，無人肯援，臺民唯有自主，推擁賢者，權攝臺政，事平之後，當再請命中朝，作何辦理。

倘日本具有天良，不忍相強，臺民亦願顧全和局，與以利益；惟臺灣土地政令，非他人所能干預，設以干戈從事，臺民惟集萬眾禦之，願人人戰死而失臺，絕不願拱手而讓臺。

所望寄才異能，奮袂東渡，佐創世界，共立勛名。至於餉銀軍械，目前儘可支持，將來不能不借資內地。不日即在上海、廣州及南洋一帶埠頭開設公司，訂立章程，廣籌集款。臺民不幸至此，義憤之倫，諒必慨為佽（ㄘˋ cì）助，洩敷天之恨，救孤島之危。

並再布告海外各國，如肯認臺灣自主，公同衞助，所有金礦、煤礦以及可墾田、可建屋之地，一概租與開闢，均霑利益。考公法讓地為紳士所不允，其約遂廢，海邦有案可援。如各國仗義公斷，能以臺灣歸還中國，臺民亦願以臺灣所有利益報之。臺民皆籍閩粵，凡閩粵人在外洋者，均望垂念鄉誼，富者挾資渡臺，臺能庇之，絕不欺凌；貧者歇業渡臺，既可謀生，兼同洩忿。此非臺民無理倔強，實因未戰而割全省，為中外千古未有之奇變。臺民欲盡棄田里，則內渡後無家可歸；欲隱忍偷生，實無顏以對天下。因此搥胸泣血，萬眾一心，誓同死守。倘中國豪傑及海外各國能哀憐之，慨然相助，此則全臺百萬生靈所痛哭待命者也。特此布告中外知之。

臺灣民主國總統唐景崧的布告

臺灣民主國總統前署臺灣巡撫布政使唐為曉諭事：

照得日本欺凌中國，大肆要求，此次馬關議款，於賠償兵費之外，復索臺灣一島。臺民忠義，不肯俯首事仇，屢次懇求代奏免割，總統亦奏多次，而中國欲昭大信，未允改約。全臺士民，不勝悲憤。當此無天可籲，無主可依，臺民公議自立為民主之國。以為事關軍國，必須有人主持，於四月二十二日士民公集本衙門遞呈，請余暫統政事。經余再三推讓，復於四月二十七日相率環籲；五月初二日，公同刊刻印信，文曰：「臺灣民主總統之印」，換用國旗藍地黃虎，捧送前來。竊見眾志已堅，群情難拂，不得已為保民起見，俯如所請，允暫視事。即日議定，改臺灣為民主之國，國中一切新政，應即先立議院，公舉議員，詳定律例章程，務歸簡易。

惟是臺灣疆土，荷大清經營締造二百餘年，今須自立為國，感念列聖舊恩，乃應恭奉正朔，遙作屏藩，氣脈相通，無異中土，照常嚴備，不可稍涉疏虞。民間有假立名號，聚眾滋事，藉端仇殺者，照匪類治罪。從此臺灣清內政、結外援、廣利源、除陋習，鐵路兵輪次第籌辦，富強可致，雄峙東南，未嘗非臺民之幸也。

特此曉諭全臺知之。

永清元年五月　日

附錄二

連雅堂先生與《臺灣通史》

連雅堂先生與《臺灣通史》

連雅堂先生，名橫，字武公，號雅堂，又號劍花。光緒四（西元一八七八）年，生於臺南；民國二十五（西元一九三六）年，卒於上海。

光緒二十一（西元一八九五）年割臺時，先生十八歲，曾避難內地，但不久即又返臺任職於日人所辦臺澎日報社（不久即改名臺南新報）漢文部主筆，其間雖曾赴廈門創辦福建日日新聞，但為時亦甚短暫，仍回臺灣任報社主筆，並與文友趙雲石、謝籟軒等人創詩社「南社」。光緒三十四（西元一九〇八）年，移居臺中，入臺中之臺灣新聞社漢文部，以地利之便與臺中「櫟社」諸文友相唱和。辛亥革命成功之後，赴大陸遊歷，並一度入清史館任名譽協修，得見清末臺灣建省公牘，為後日撰寫通史之材料。民國三（西元一九一四）年返臺後，即長居臺灣，至民國二十二（西元一九三三）年始移居上海，終於客死異鄉。

連雅堂先生自稱幼時，其父曾贈以《臺灣府誌》，並告誡他：「汝為臺灣人，不可不知臺灣事」以此為發端，他開始接觸鄉邦文物，但不滿於舊志之缺漏，於是「發誓述作，冀補舊志之缺」。自光緒三十四（西元一九〇八）年開始撰寫《臺灣通史》，至民國二十二（西元一九三三）年的二十五年間，除了詩作之外，關於臺灣文史之重要著作，計有《臺灣通史》及《臺灣語典》，分別對臺灣之歷史、語言作系統性之整理；對臺灣之風土、民情、史蹟亦隨時摘記考釋，先後有《臺灣贅談》、《臺灣漫錄》、《臺灣古蹟誌》、《雅言》等系列；另外，尚編集《臺灣詩乘》為臺灣第一部文學史著作、發刊《臺灣詩薈》雜誌，編校出版臺灣歷史文獻。為最早從事系統性之臺灣史地、語言、文學研究的先賢，也是日據時期此方面最有貢獻的學者。

連雅堂最初而且也最有名的著作，是《臺灣通史》。在撰寫之初，連雅堂先生原預定依舊式方志體例，分為〈地理志〉、〈種族志〉、〈沿革志〉、〈政治志〉、〈軍備志〉、〈財賦志〉、〈教育志〉、〈文學志〉、〈禮俗志〉、〈交通志〉、〈產業志〉、〈外交志〉、〈民變志〉、〈番務志〉、〈人物志〉，但後來則以寫史方式，仿紀傳體分為〈紀〉、〈志〉、〈傳〉。

通史記載，始於隋朝大業元（西元六〇五）年，終於清朝光緒二十一（西元一八九五）年，上下一千二百九十年。

〈紀〉分為〈開闢紀〉、〈建國紀〉、〈經營紀〉、〈獨立紀〉（後改為〈過渡紀〉）。以編年繫事方式，分別敘述漢人發現與開闢臺灣之經過、鄭氏三代海外建國史事、清代之經營開發、臺灣民主國之抗日事跡。

〈志〉則分為〈疆域志〉、〈職官志〉、〈戶役志〉、〈田賦志〉、〈度支志〉、〈典禮志〉、〈教育志〉、〈刑法志〉、〈軍備志〉、〈外交志〉、〈撫墾志〉、〈城池志〉、〈關征志〉、〈榷賣志〉、〈糧運志〉、〈郵傳志〉、〈鄉治志〉、〈宗教志〉、〈風俗志〉、〈藝文志〉、〈商務志〉、〈工藝志〉、〈農業志〉、〈虞衡志〉等二十四志，並有附表。其內容各為：

〈疆域志〉：以建省後所建置之府縣為對象，述其開發建置沿革及地理概況。

〈職官志〉：敘述職官之設置、變遷。附有〈鄭氏中央職官表〉、〈鄭氏臺灣職官表〉、〈清代職官表〉、〈民主國職官表〉。

〈戶役志〉：記臺灣戶口、丁役。附有〈清代臺灣戶口表〉、〈清代徵收丁稅表〉、〈清代徵收番餉表〉。

〈田賦志〉：記臺灣徵收田賦之制，並及於官莊、隆恩、抄封等官租及番租、屯租、隘租。附有〈荷蘭王田租率表〉、〈鄭氏官田租率表〉、〈鄭氏文武官田租率表〉、〈鄭氏文武官田稅率表〉、〈鄭氏田園徵賦表〉、〈清代民田租率表〉、〈清代屯田租率表〉、〈清代番大租率表〉、〈阿里山番租率表〉、〈清代田園甲數表〉、〈清代田園徵賦表〉。

〈度支志〉：記載歲出入及銀錢之制。附有乾隆二十年臺灣縣、鳳山縣、諸羅縣、彰化縣、淡水廳、澎湖廳及道光十五年噶瑪蘭廳之〈歲出入表〉、〈臺灣文武官養廉表〉、〈臺灣武官俸薪表〉、〈臺灣兵餉支給表〉、〈噶瑪蘭兵餉表〉、〈臺灣勇營月餉表〉、〈建省以後歲入總表〉。

〈典禮志〉：記載慶賀、接詔、迎春、耤田、祭社、釋菜、祭纛、大操、旌表、鄉飲、祀典等典禮之儀式。附有〈各府廳縣壇廟表〉。

〈教育志〉：記載儒學、書院之興置，並及於晚清之西學堂、番學堂。附有〈臺灣儒學表〉、〈臺灣書院表〉。

〈刑法志〉：記載施行於臺灣之刑法。

〈軍備忘〉：記載臺灣兵戍之制。附有〈鄭氏武官表〉、〈鄭氏各將軍表〉、〈鄭氏陸軍各鎮表〉、〈鄭氏水師各鎮表〉、〈鄭氏臺灣及各島守將表〉、〈清代臺灣水陸營制表〉、〈清代臺灣水陸汛防表〉、〈臺東勇營駐防表〉、〈南北屯弁分給埔地表〉、〈南北屯丁分給埔地表〉、〈鳳山縣轄隘寮沿革表〉、〈淡水廳轄隘寮沿革表〉、〈鄭氏澎湖炮臺表〉、〈清代臺灣炮臺表〉。
〈外交志〉：記載鄭成功時期之日本聘問、呂宋經略及清中葉以後之英人之役、美船之役、牡丹社之役、法軍之役。
〈撫墾志〉：記載開墾撫「番」之大勢及沈葆楨、劉銘傳之山地經略。附有〈鄭氏各鎮屯田表〉、〈臺灣撫墾局管轄表〉、〈臺灣撫墾局局制表〉。
〈城池志〉：記載各府廳縣城之建置沿革與規模及衙署。
〈關征志〉：記載歷代之關征、雜餉、釐金等稅。附有〈鄭氏徵收雜稅表〉、〈清代陸餉徵收表〉、〈清代水餉徵收表〉、〈臺灣海關徵收稅鈔表〉、〈臺灣海關徵收船鈔表〉。
〈榷賣志〉：記載清代官方關於鹽、硫磺、煤、煤油、樟腦、沙金、阿片釐金之管制與經營。附有〈臺灣阿片進口表〉、〈臺灣徵收阿片釐金表〉。
〈郵傳志〉：記載臺灣之陸運、海運、郵電（附燈臺）之建設，特別強調劉銘傳在臺興辦之海運、郵電事業。附有〈前山道里表〉、〈後山道里表〉、〈前山至後山道里表〉、〈中路道里表〉。
〈糧運志〉：記載臺灣額徵米糧運供福建充當兵餉與各縣倉儲之制。附有〈鹿耳門應運兵眷米穀表〉、〈鹿港應運兵眷米穀表〉、〈八里坌應運兵眷米穀表〉、〈臺灣官倉表〉、〈臺灣社倉表〉、〈臺灣番社倉表〉。

〈鄉治志〉：記載保甲、團練、義倉、會館等民間防衛、互助事業。附有〈臺灣善堂表〉、〈臺灣義塚表〉。

〈宗教志〉：記載臺灣民間所信奉之神教、道教、佛教、景教、回教。附有〈臺灣廟宇表〉。

〈風俗志〉：記載歲時、宮室、衣服、飲食、冠婚、喪祭、演劇、歌謠等習俗。

〈藝文志〉：收錄有關臺灣之方志、藝文書目列為藝文表，共收錄方志十五種二〇〇卷、臺灣人士著書四十種二〇三卷、宦遊人士著書八十種一六〇卷。

〈商務志〉：記載與外國通商貿易事宜。附有〈各國立約通商表〉、〈臺灣外國貿易表〉、〈臺灣糖出產表〉、〈臺灣產糖推算表〉、〈臺灣糖出口表〉。

〈工藝志〉：記載紡織、刺繡、雕刻、繪畫、鑄造、陶製、煆灰、燒灰、竹工、皮工等各種工藝。

〈農業志〉：記載臺灣米、糖、茶等主要農產之種植生產，並錄列稻、菽、麥、黍、稷、菓、藍、藷、蔗、茶、葻、蔬、果等作物瓜果之種類。附有〈臺灣各屬陂圳表〉。

〈虞衡志〉：列載、考釋臺灣之動植礦物、草木蟲魚。

〈列傳〉計有八卷：〈列傳〉一，為明鄭時期之豪傑王公、文武大員，以顏思齊、鄭芝龍為首，依次為寧靖王、諸臣、諸老、陳永華、林圮、林鳳、劉國軒諸人。〈列傳〉二，為清初（康熙年間）之人物，首為征臺之施琅，次為反清之吳球、劉卻、朱一貴，再次為平定朱一貴亂事及以後鎮守臺灣之諸將如歐陽凱、藍廷珍、楊文魁等人。〈列傳〉三，則以雍正、乾隆年間墾拓、民變及平定民變之人物為主，如王世傑、施世榜、林成祖、吳鳳、林爽文、吳福生、黃教、福康安、楊廷理。〈列傳〉四，為嘉、道、咸、同、光年間的人物，如海寇蔡牽，民變領袖許尚、張丙、郭光侯，墾拓者吳沙、鄭勒先、姜秀鑾，鎮守臺灣之名宦謝金鑾、姚瑩、徐宗幹等人。〈列傳〉五，則為戴潮春及與戴案有關之丁日健、林文察、林占梅，及沈葆楨、劉銘傳、林平侯等人。〈列傳〉六、七為類傳，收載臺灣的循吏、流寓、鄉賢、文苑、孝義、勇士、貨值、列女。〈列傳〉八，則為交割之際的抗日份子，如丘逢甲、吳湯興、徐驤、吳彭年、林崑岡及唐景崧、劉永福。對於各人物之生平，「宦遊士夫，僅傳在臺施設之事；若臺灣人物，則載其一生」。

連雅堂先生在《臺灣通史》曾明示其撰作該書之直接原因之一，是不滿意「舊志誤謬，文采不彰」，而且「出所記載，僅隸有清一朝，荷人、鄭氏之事闕而弗錄，竟以島夷、海寇視之」，因此其寫作之精神原本於中國舊式之修志傳統。但當本書完成問世時，不但在體裁上或撰作精神，均已遠遠超越傳統舊式方志之層次。

在體裁上，超越傳統方志各自獨立，不相聯屬，均衡並置的單純加減組合形式；改採以紀繫年，以志記事，以傳敘人的交叉重疊網絡結合，成為以時間為中軸所展開的史書。當然，其中之〈風俗志〉、〈農業志〉、〈虞衡志〉仍然留有濃厚的方志色彩，但綜觀全書已不再是舊式「地理歷史百科全書」的方志，而是渾然一體的史著了。

除了體裁之外，在全書中連雅堂先生也有一貫的撰作精神。這種撰作精神源之於他對歷史的認識和信仰。他在〈自序〉中說：

> 夫史者，民族之精神，而人群之龜鑑也。代之盛衰，俗之文野，政之得失，物之盈虛，均於是乎在。

由於這種對歷史的認識和信仰，使他的歷史寫作有極深刻的理念基礎，即作為歷史之存在的「我」，實是與在此之前的過去和在此之後的未來相連的，所以「追懷先德，眷顧前途」，必須「若涉深淵，彌自儆惕」。在〈自序〉的最後，連雅堂先生表達了一個史學家對臺灣歷史文化價值的崇敬，和繼承此歷史文化傳統的子孫（包括他自己）的期許：

洪維我祖宗，渡大海，入荒陬，以拓殖斯土，為子孫萬年之業者，其功偉矣！追懷先德，眷顧前途，若涉深淵，彌自儆惕。烏乎念哉！凡我多士，及我友朋，惟仁惟孝，義勇奉公，以發揚種性，此則不佞之幟也。婆娑之洋，美麗之島，我先王先民之景命，實式憑之！

基於這種體認與胸襟所撰作的《臺灣通史》，固非為錢糧刑名資治之用所編纂之方志可比，即使已成制度化之官修正史，恐亦不能望其項背吧！

《臺灣通史》的另一特色，是它在「臺灣人，不可不知臺灣事」的認識下，由當地人所寫的充滿鄉土愛的著作。因此，全書充滿對土地的眷愛和對先民積極、自主的開荒拓土精神的謳歌，對於官方消極、保守的封禁政策，則加以批評，因此其列傳中所出現之官方人士，多為對臺灣之發展提出長遠之規劃者。但由於強調漢人之拓殖開發，使《臺灣通史》成為一部以漢人為中心之臺灣拓殖開荒史，未能充分意識到作為侵入者之漢人的角色和土著的主體性。另外，由於連雅堂先生係當地人，而且對鄉土文物、典故、語言均極熟悉，因此不同於宦遊者所編纂之方志，經常強作解人地誤解地方文物，對於具有地方特色或特殊意義的文物、習慣均能做適當之解釋，這種例子在全書中不勝枚舉。①《臺灣通史》的另一特色表現於其強烈之種族主義，這與成書的時代背景有關。連雅堂先生親歷臺灣之割讓改隸，身抱亡國之痛，其〈自序〉中之「國可滅，而史不可滅」一語，實為其內心沉痛的心聲，因此，其著作一方面在保存鄉邦文化，另方面也意在「發揚種性」，潛藏反日的意圖。因此，書中不但特別強調明鄭反清復明的側面，而且對於清代的民變，每附麗為明鄭反清復明之餘緒。②

此次改寫，以原書所提供之材料為素材，適度配合晚近之研究成果，將原書打散重組，雖有意避免原著中反滿、漢族中心之立場。但如此寫作設計是否能夠傳達原作神髓，而不致非牛非馬之譏，實衷心惶恐。

【註釋】

①最顯著的例子是，高拱乾編纂之《臺灣府志》將赤嵌、諸羅等由土著發音轉來之地名，強依漢字解釋為：建築物呈紅色、諸山羅列。這些地名均經連雅堂先生訂正。

②連雅堂先生於〈朱一貴列傳〉中，所撰作之起義檄文，即為典型之例子。

中國歷代經典寶庫㊳

臺灣通史——唐山過海的故事

編撰者—吳密察
編輯—康逸藍
責任企劃—洪小偉
校對—蕭淑芳
總編輯—陳蕙慧
董事長—趙政岷
出版者—時報文化出版企業股份有限公司
108019台北市和平西路三段二四〇號三樓
發行專線—（〇二）二三〇六—六八四二
讀者服務專線—〇八〇〇—二三一—七〇五
（〇二）二三〇四—七一〇三
讀者服務傳真—（〇二）二三〇四—六八五八
郵撥—一九三四四七二四時報文化出版公司
信箱—一〇八九九臺北華江橋郵局第九九信箱
時報悅讀網—http://www.readingtimes.com.tw
法律顧問—理律法律事務所 陳長文律師、李念祖律師
印刷—綋億印刷有限公司
五版一刷—二〇一二年十月十九日
五版二刷—二〇二三年七月二十四日
定價—新台幣二百五十元

時報文化出版公司成立於一九七五年，並於一九九九年股票上櫃公開發行，於二〇〇八年脫離中時集團非屬旺中，以「尊重智慧與創意的文化事業」為信念。

臺灣通史：唐山過海的故事 / 吳密察編撰. -- 五版. -- 臺北市：時報文化, 2012.10
面； 公分. --（中國歷代經典寶庫；38）

ISBN 978-957-13-5643-3（平裝）

1.臺灣史 2.通俗作品

733.21 101016670

ISBN 978-957-13-5643-3
Printed in Taiwan